ELOGIOS A
Tempo, Dinheiro, Liberdade

"Conheço Ray e Jessica Higdon há muito tempo. Observei-os aplicando os princípios que eles descrevem em *Tempo, Dinheiro, Liberdade* para fundar uma empresa listada na Inc 5.000, que não apenas os torna livres, mas também ajuda milhares de empreendedores diariamente. Recomendo fortemente que você use este livro se quiser construir uma vida melhor para você e sua família!"

— Russell Brunson, autor de best-sellers do *New York Times* e proprietário da Clickfunnels

"Jessica e Ray acertaram em cheio na mentalidade do milionário. Sua paixão em ajudar as pessoas ao facilitar uma plataforma que dá a oportunidade de todos se tornarem as melhores versões de si mesmos para alcançarem o sucesso é realmente notável."

— Shauna Galligan, dublê de filmes da Marvel

TEMPO

DINHEIRO

LIBERDADE*

**TAMBÉM POR RAY
E JESSICA HIGDON**

*Freakishly Effective Leadership for Network
Marketers Freakishly Effective Social Media*

Go for No for Network Marketing

*Vibrational Money Immersion: Think and Grow Rich
for Network Marketers*

RAY E JESSICA HIGDON

TEMPO

DINHEIRO

LIBERDADE*

10 REGRAS SIMPLES PARA REDEFINIR
O QUE É POSSÍVEL E REPLANEJAR SUA
VIDA COMPLETAMENTE

ALTA BOOKS
GRUPO EDITORIAL
Rio de Janeiro, 2023

Tempo, Dinheiro, Liberdade

Copyright © 2023 da Starlin Alta Editora e Consultoria Eireli.
ISBN: 978-65-5520-947-1

Translated from original Time, Money, Freedom. Copyright © 2020 by Higdon Group. ISBN 9781401960308. This translation is published and sold by permission of Hay House, Inc, the owner of all rights to publish and sell the same. PORTUGUESE language edition published by Starlin Alta Editora e Consultoria Eireli, Copyright © 2023 by Starlin Alta Editora e Consultoria Eireli.

Impresso no Brasil — 1ª Edição, 2023 — Edição revisada conforme o Acordo Ortográfico da Língua Portuguesa de 2009.

Todos os direitos estão reservados e protegidos por Lei. Nenhuma parte deste livro, sem autorização prévia por escrito da editora, poderá ser reproduzida ou transmitida. A violação dos Direitos Autorais é crime estabelecido na Lei nº 9.610/98 e com punição de acordo com o artigo 184 do Código Penal.

A editora não se responsabiliza pelo conteúdo da obra, formulada exclusivamente pelo(s) autor(es).

Marcas Registradas: Todos os termos mencionados e reconhecidos como Marca Registrada e/ou Comercial são de responsabilidade de seus proprietários. A editora informa não estar associada a nenhum produto e/ou fornecedor apresentado no livro.

Erratas e arquivos de apoio: No site da editora relatamos, com a devida correção, qualquer erro encontrado em nossos livros, bem como disponibilizamos arquivos de apoio se aplicáveis à obra em questão.

Acesse o site www.altabooks.com.br e procure pelo título do livro desejado para ter acesso às erratas, aos arquivos de apoio e/ou a outros conteúdos aplicáveis à obra.

Suporte Técnico: A obra é comercializada na forma em que está, sem direito a suporte técnico ou orientação pessoal/exclusiva ao leitor.

A editora não se responsabiliza pela manutenção, atualização e idioma dos sites referidos pelos autores nesta obra.

Dados Internacionais de Catalogação na Publicação (CIP) de acordo com ISBD

H634t   Higdon, Ray
Tempo, Dinheiro, Liberdade: 10 regras simples para redefinir o que é possível e replanejar sua vida completamente / Ray Higdon, Jessica Higdon ; traduzido por Vanessa Schreiner. - Rio de Janeiro : Alta Books, 2023.
240 p. : 16cm x 23cm.

Tradução de: Time, Money, Freedom
Inclui índice.
ISBN: 978-65-5520-947-1

1. Autoajuda. 2. Tempo. 3. Dinheiro. 4. Liberdade. I. Higdon, Jessica. II. Schreiner, Vanessa. III. Título.

2022-2371   CDD 158.1
                                   CDU 159.947

Elaborado por Vagner Rodolfo da Silva - CRB-8/9410

Índice para catálogo sistemático:
1. Autoajuda 158.1
2. Autoajuda 159.947

Produção Editorial
Editora Alta Books

Diretor Editorial
Anderson Vieira
anderson.vieira@altabooks.com.br

Editor
José Ruggeri
j.ruggeri@altabooks.com.br

Gerência Comercial
Claudio Lima
claudio@altabooks.com.br

Gerência Marketing
Andréa Guatiello
andrea@altabooks.com.br

Coordenação Comercial
Thiago Biaggi

Coordenação de Eventos
Viviane Paiva
comercial@altabooks.com.br

Coordenação ADM/Finc.
Solange Souza

Direitos Autorais
Raquel Porto
rights@altabooks.com.br

Produtor Editorial
Thales Silva

Produtores Editoriais
Illysabelle Trajano
Maria de Lourdes Borges
Paulo Gomes
Thiê Alves

Equipe Comercial
Adriana Baricelli
Ana Carolina Marinho
Daiana Costa
Kaique Luiz
Maira Conceição

Equipe Editorial
Beatriz de Assis
Betânia Santos
Brenda Rodrigues
Caroline David
Gabriela Paiva
Henrique Waldez
Kelry Oliveira
Marcelli Ferreira
Mariana Portugal
Matheus Mello

Marketing Editorial
Livia Carvalho
Marcelo Santos
Pedro Guimarães
Thiago Brito

Atuaram na edição desta obra:

Tradução
Vanessa Schreiner

Copidesque
Rafael Surgek

Revisão Gramatical
Leonardo Breda
Flavia Carrara

Diagramação
Catia Soderi

Capa
Marcelli Ferreira

Editora afiliada à:

ASSOCIADO

Rua Viúva Cláudio, 291 – Bairro Industrial do Jacaré
CEP: 20.970-031 – Rio de Janeiro (RJ)
Tels.: (21) 3278-8069 / 3278-8419
www.altabooks.com.br — altabooks@altabooks.com.br
Ouvidoria: ouvidoria@altabooks.com.br

*Este livro é dedicado à geração futura,
na esperança de que nós, a geração atual,
tenhamos a coragem e a vontade
de construir um futuro próspero
para o mundo.*

SUMÁRIO

Agradecimentos xi
Sobre os Autores xiii
Introdução xvii

Regra Nº 1
Fique Incomodado 1

Regra Nº 2
Arranque Suas Ervas Daninhas 23

Regra Nº 3
Reúna Seus Porquês e Transforme-os em sua Visão 45

Regra Nº 4
Mude Sua Relação com o Dinheiro 63

Regra Nº 5
Construa Sua Mentalidade 89

Regra Nº 6
Prepare o Terreno 111

Regra Nº 7
Crie Hábitos de Sucesso 135

Regra Nº 8
Não Planeje, Aja: Como Usar Ferramentas para Garantir Resultados 153

Regra Nº 9
Tenha uma Estratégia de Comprometimento, Não de Fuga 177

Regra Nº 10
Cause Impacto 197

Índice 215

AGRADECIMENTOS

Gostaríamos de agradecer aos obstáculos que enfrentamos ao longo do caminho, pois nos impulsionaram para sermos quem somos hoje. Gostaríamos de agradecer, também, a nossos filhos, Brandon, Ethan, Sabrina e Graham, por expandirem nossa visão de como nos posicionamos diante das pessoas e a importância do equilíbrio. Um agradecimento especial à equipe e à família do Higdon Group, sem as quais não conseguiríamos fazer nosso trabalho. E outro agradecimento especial ao pessoal da 2 Market Media e às pessoas maravilhosas da Hay House, por nos ajudarem a expandir nossa visão de mundo.

SOBRE OS AUTORES

Jessica e Ray Higdon estiveram na vanguarda da mídia social e do papel que ela desempenha no marketing por mais de uma década. Jessica começou a galgar os degraus corporativos logo após o colegial, mas descobriu que havia muitos fatores completamente fora de controle e que determinavam seu sucesso. Ela começou, paralelamente, a trabalhar com vendas para conseguir uma renda extra e logo descobriu como as mídias sociais podem ser valiosas para prospectar novos clientes. Ela não se limitaria mais apenas a seus amigos e familiares; as opções eram ilimitadas. Jessica começou a usar essas plataformas de maneira completamente revolucionária e, em pouco tempo, estava ganhando US$ 10.000 por mês.

Nessa época, o negócio imobiliário de Ray, antes bem-sucedido, estava passando por dificuldades. Quando a crise financeira de 2008 o atingiu, ele tinha quase um milhão de dólares em dívidas, estava em execução hipotecária e sendo perseguido por cobradores. Ele teve sucesso no mundo corporativo dos Estados Unidos, mas sabia que aquela vida não era para ele. Queria maior flexibilidade e autonomia. Em busca de algo que desse essa flexibilidade e recompensasse sua excelente ética de trabalho, Ray iniciou carreira no marketing multinível. Em poucos meses, ele já havia se tornado a pessoa mais bem paga na empresa. Jessica e Ray formavam uma equipe incomparável juntos. Ambos alcançaram os cargos mais altos na empresa, ao mesmo tempo que aperfeiçoavam seus métodos de vendas e elaboravam novas maneiras de alcançar as pessoas por meio da mídia social.

Logo, outras pessoas começaram a perguntar qual era o segredo do sucesso. E eles ficaram felizes em compartilhar. Essas sessões iniciais para amigos e colegas de trabalho transformaram rapidamente a carreira em vendas e marketing de Jessica e Ray em uma das empresas de coaching, treinamento e palestras mais bem-sucedidas do mundo, reconhecida pela Inc. 5000. Eles mudaram radicalmente o setor de negócios domésticos por meio de suas ideias e seus métodos. Foi assim que o ensino e o treinamento se transformaram em seu principal foco.

A paixão deles se expandiu, logo começaram a ensinar às pessoas como assumir o controle da própria vida, ser financeiramente independentes e fazer o que amam. Ao abraçarem suas novas funções dentro do setor, em menos de 10 anos, Jessica e Ray transformaram seu salário de seis dígitos na área de vendas em um império de oito dígitos. A positividade, o entusiasmo e a dedicação deles transformaram inúmeras vidas. Seus alunos e pupilos estão finalmente vivendo a vida com a qual sonharam. Jessica e Ray ajudaram a acelerar a mudança de vida para milhares de pessoas, encorajando-as a querer mais da vida, dando as ferramentas para alcançarem esses novos objetivos.

Jessica e Ray não mantiveram o sucesso para si mesmos. A paixão por ensinar só não supera o desejo de retribuir seu sucesso para o mundo ao seu redor. Eles fazem parte da diretoria da March of Dimes e da SWFL Children's Charities, arrecadando centenas de milhares de dólares. E conseguem mais voluntários todos os dias. O trabalho com a Operation Underground Railroad está inspirando pessoas em todo o mundo. E eles lideram pelo exemplo, fazendo uma grande diferença por meio de pequenos atos diários de gentileza. O evento semanal chamado de "Quarta-feira da Riqueza" reúne pessoas do mundo todo para fazer a diferença na vida de alguém, mesmo que seja pequena. Esses atos aparentemente pequenos transformaram-se, como uma bola de neve, em um movimento internacional.

Ray Higdon é autor de dois best-sellers e alcançou centenas de milhares de pessoas por meio de seus seminários, suas palestras e seu trabalho como coaching. Ele dividiu o palco com Tony Robbins, Magic Johnson, Richard Branson, Robert Kiyosaki e muitos outros. Jessica também realiza palestras em todo o mundo, dando treinamento a empreendedores sobre como fazer marketing por meio das redes sociais. Sua paixão se voltou de capacitar empreendedores como um todo para capacitar mães a viver uma vida plena. Como mãe, ela reconhece os desafios e as expectativas únicas que essas mulheres enfrentam, esforçando-se para ajudar quem precisa. Jessica e Ray moram na Flórida, têm quatro filhos, uma menina e três rapazes. Em seu tempo livre, gostam de passear de barco e viajar.

INTRODUÇÃO

 Nós dois começamos nossas vidas com menos do que a maioria. Na infância, Ray viveu em um lar abusivo. E como um jovem desajustado, foi em busca do próprio caminho no mundo para se tornar um adulto. No fim das contas, ele mudou sua vida apenas para ver todo seu sucesso e trabalho árduo ir por água abaixo novamente, em virtude de um colapso imobiliário e uma recessão. Jess trabalhou duro durante a faculdade e acabou se formando em marketing. Ela preenchia todos os requisitos, fazia tudo o que era solicitado e continuava à mercê da política corporativa e de gestores rancorosos. Não era a falta de ética no trabalho ou a falta de conhecimento que se interpunha entre nós e o sucesso no mundo corporativo. Simplesmente aprendemos, da maneira mais difícil, que não importava quão duro trabalhássemos, mas se estivéssemos trabalhando para outra pessoa, nossas vidas nunca estariam verdadeiramente em nossas mãos.

Sabíamos que trabalhar para outra pessoa significava estar sempre à disposição dela. Como usar nossas habilidades e experiências para ganhar dinheiro para outra pessoa que poderia nos dispensar a qualquer momento e nos deixar sem opções? Sabíamos que, se quiséssemos assumir o controle de nosso futuro e viver a vida que desejávamos para nós e para nossas famílias, teríamos que assumir o controle de nossas carreiras. Isso pareceu óbvio assim que Ray teve a chance de realizar vendas por conta própria. Abrir o próprio negócio e trabalhar para fazê-lo crescer seria a única maneira de obter a segurança e confiabilidade que todas as pessoas neste planeta merecem e deveriam ter, embora muito poucas realmente consigam.

Especialmente agora. Enquanto escrevíamos este livro, no início de 2020, todos os dias recebíamos uma enxurrada de notícias sobre demissão e aumento de desemprego. Em momentos como esse, é mais importante do que nunca ser capaz de se sustentar por conta própria. Quando as empresas fecham e o mercado de ações cai, cada vez mais pessoas percebem que a lealdade que elas tiveram ao trabalho durante dez, quinze ou vinte anos não importa se não existe mais um escritório para ir ou um trabalho a fazer. Ser o próprio patrão, tomar as próprias decisões e escrever o próprio destino é uma maneira poderosa de controlar como você vive e sustenta sua família.

Ray aprendeu isso em 2008, quando o negócio imobiliário que ele construiu meticulosamente foi arrancado de suas mãos, deixando-o com mais de um milhão de dólares em dívidas. Jess aprendeu isso quando viu a facilidade com que seu chefe sabotou seus esforços em seu primeiro emprego ao sair da faculdade. Os agentes de viagens aprenderam isso quando o Expedia.com foi lançado. Os livreiros convencionais aprenderam isso quando a Amazon.com se tornou a primeira livraria online. A Blockbuster aprendeu isso quando a Netflix começou a enviar aqueles envelopes vermelhos. A cada ano que passa, a segurança no emprego significa cada vez menos, seja por causa de uma nova invenção ou de uma nova doença.

Embora as temporadas em que estamos escrevendo este livro tenham colocado essa lição em primeiro plano, já faz algum tempo que, de fato, temos visto essa mudança. A maneira como nos comunicamos, conduzimos negócios, gastamos dinheiro e ganhamos nosso sustento mudou. E nós também precisamos mudar junto com isso. É claro que culpar o sistema, o chefe ruim, o mercado de ações ou o governo pode parecer válido por um minuto, mas isso não coloca comida na mesa. **A única coisa que o ajudará é VOCÊ e sua capacidade de seguir o caminho que você mesmo traçou.**

As carreiras em marketing multinível, vendas diretas e empreendedorismo em pequenas empresas explodiram na última década. O fato de que toda a internet está a nosso alcance revolucionou o modo como alcançam os consumidores e para quem as empresas vendem. Começamos no marketing online e no marketing multinível, ganhamos milhões em vendas e comissões. Depois, ganhamos milhões ensinando aos outros o que aprendemos e o como operamos agora. Nossos clientes ganharam centenas de milhares de dólares em vendas e como coaches. Alguns, inclusive, ganharam milhões. Ter um negócio em casa não só dá segurança no emprego, como também traz muito mais realização e independência. Você toma as decisões. Decide quando e quanto trabalha. E define os próprios limites e objetivos.

Construa uma vida com a qual você pode contar. Uma que não o deixe à mercê de ninguém. Que seja flexível o suficiente para dar o dinheiro, o tempo e a liberdade que você deseja. Neste livro, mostraremos como você pode fazer isso.

O trabalho de nossas vidas passou a ser ensinar outras pessoas a construírem o tipo de negócio — e de vida — que construímos nos últimos dez anos. Nos capítulos seguintes, vamos compartilhar nossas histórias e perspectivas com você — às vezes cada um de nós individualmente e, em outras, nós dois juntos —, assim você verá que, por vezes, diremos "eu" e, em outras, "nós". (Fique conosco!) Vamos delinear nossas dez regras para viver — dez regras sobre as quais construímos nossas vidas e nossos negócios. Ainda utilizamos essas regras para abrir novos fluxos de receita, criar os filhos e retribuir à comunidade. Você também pode utilizá-las. Se as seguir, ajudarão a conquistar a vida que você deseja.

Criamos um mundo no qual tomamos as decisões que funcionam melhor para nós. Não para um chefe, uma empresa ou uma organização, que poderiam nos dispensar em um piscar de olhos. Queremos esse mundo para você também. E este livro mostrará como construí-lo.

O livro não é sobre mudar sua vida, realizar mudanças drásticas e correr riscos enormes. Trata-se de dar pequenos passos com sucesso para alcançar seus objetivos. O que te dará a oportunidade de ir tão longe quanto quiser por conta própria. Eventualmente, seu sucesso trará escolhas. Você pode largar o emprego que detesta. Comprar a primeira ou a segunda casa. Ou, ainda, pagar os empréstimos e começar a economizar para a aposentadoria. Logo, mostraremos como reservar tempo para todas essas etapas, criar responsabilidade com relação a seus objetivos e, posteriormente, superar as expectativas que tem sobre si mesmo. Você sabe que não quer aquilo que foi entregue. Sabe que quer tomar as decisões sobre sua vida e a vida da sua família. Sabe que não quer estar à disposição de outra pessoa. Sabe que deseja assumir o controle de seu trabalho, sua casa e sua vida. Sabe que precisa começar por algum lugar. E esse lugar é aqui.

REGRA Nº 1

FIQUE INCOMODADO

Ray sempre achou que a vida reservara mais coisas. Mas tinha muitas dúvidas em relação à sua autoestima. O que é compreensível, considerando o que passou quando criança. Seus pais se divorciaram quando ele era muito jovem. Então morava com seu pai e sua madrasta abusiva. Algumas de suas primeiras memórias incluem ir ao jardim de infância com o nariz sangrando e dizer que "bateu com a cara em uma porta", vestir suéteres de gola alta para esconder os arranhões no pescoço e ser acordado quase todas as manhãs com chutes, sendo jogado contra o armário. Essa era sua vida "normal". Até sair de casa aos 12 anos para morar com a mãe.

Somente após completar 18 anos, Ray percebeu que não queria apenas suportar sua vida. Ele queria mais. "Eu era uma daquelas crianças más", diz ele. "Eu me mudei da casa dos meus pais no 1º ano do ensino médio, morei em uma casa de festas e sequer terminei o ensino médio a tempo. Em retrospectiva, acredito que estava fazendo tudo e qualquer coisa para fugir das lembranças de minha infância. E isso significava me rebelar contra todos que representavam autoridade. Cheguei a passar alguns anos traficando drogas, o que me levou a uma depressão profunda. Depois de fazer isso por um tempo, decidi que não queria essa vida. Eu me senti um perdedor. Lembro-me de uma noite em particular onde havia consumido muitas drogas. E não via minha mãe há meses. Então me olhei no espelho e absolutamente odiei o que vi refletido nele. Eu sabia que era melhor do que aquilo.

"Eu sabia que receber um salário estável me manteria longe das más influências em minha vida. No fim, tentei diversos empregos. Um deles foi no supermercado Winn-Dixie. Lá estava eu, com 18 anos, tentando descobrir o que fazer da vida. Senti como se tivesse uma estrada gigante e interminável à minha frente e eu não soubesse o que fazer. Então comecei a falar com as pessoas ao meu redor. O gerente do Winn-Dixie era jovem. Eu o chamei em um canto e perguntei: 'Ei, há quanto tempo você está no Winn-Dixie?' Ele me disse que tinha 32 anos. E trabalhava lá há 12. 'Ok', eu continuei, 'e qual é seu plano de carreira? Porque estou buscando algumas ideias.'"

"Ele parou por um minuto e disse: 'Bem, se eu sair daqui, provavelmente não conseguirei ganhar a mesma quantia em qualquer outro lugar, então acho que permanecerei aqui.'"

"'Então você gosta de trabalhar aqui e tudo mais?'"

"'Ah, eu odeio!'"

"Quando ele disse isso, eu literalmente dei um passo para trás, surpreso. Minhas sobrancelhas se ergueram e meu queixo caiu.

Esse homem de 32 anos já tinha definido o fim de sua carreira. Ele olhou em volta, dizendo para si mesmo: 'Isso é o melhor que posso fazer.' Nunca na vida esquecerei aquele momento. Foi quando percebi que não havia risco em tentar algo novo e se expor. O risco era ficar exatamente no mesmo lugar sem nunca saber o que poderia ter acontecido se tivesse tentado. Muitos de nós consideram arriscado deixar um emprego e expandir suas escolhas por conta própria. Mas o maior risco é passar a vida inteira fazendo o que não se quer fazer. Não é viver de acordo com seu potencial. Eu nunca quis correr esse risco.

"Ao longo de minha vida, se alguma vez senti que estava fazendo algo do qual não gostava ou estava em um negócio ou um setor que não me trazia nenhuma realização, encarava isso como um desafio. 'É aqui que quero passar o resto da vida?' Perguntar isso a mim mesmo ainda me dá o *insight* para seguir em frente. Não quero ser complacente em absolutamente nenhuma área de minha vida."

Alguns anos depois de sair do Winn-Dixie, Ray assumiu um cargo de nível gerencial no condado de Collier, em Naples, Flórida. O salário era alto, os benefícios eram bons e tinha estabilidade no emprego. Mas Ray não achava mais o trabalho desafiador. Então pediu demissão e foi trabalhar para uma seguradora. Seus colegas de trabalho pensavam que ele era louco, porém ele nunca quis se acomodar. Sempre buscou ser desafiado, ter espaço para crescer. Deixar algo que era certo e mergulhar no setor de seguros ensinou a Ray que poderia conquistar qualquer coisa. E ele conquistou. Cerca de um ano depois, saiu desse emprego para se tornar um empresário. E nunca mais olhou para trás. Ter a coragem de não apenas mudar de emprego, mas conseguir obter sucesso por meio dessa mudança lhe deu confiança para fazer qualquer coisa. A complacência é nossa grande inimiga.

Ray saiu do emprego no supermercado Winn-Dixie há muito tempo, mas nunca se esqueceu daquele gerente. Recentemente, quando um jornal local publicou uma história sobre nossa jornada e nosso sucesso, Ray recebeu uma mensagem desse mesmo homem, agora na casa dos 50 anos. Ele tinha lido sobre nossa história e como estávamos retribuindo à comunidade. Logo perguntou a Ray se lembrava dele, seu antigo gerente no supermercado. "Claro que eu me lembro de você!", Ray escreveu de volta. E em seguida, perguntou como ele estava. Sua resposta: "Ainda trabalho no Winn-Dixie e ainda desteto o que faço."

A história de Jess teve um início um pouco diferente, mas um final bastante semelhante. Durante a faculdade, ela estava trabalhando em um balcão de maquiagem de uma loja de departamentos enquanto frequentava as aulas em tempo integral. O trabalho atendia às suas necessidades, dando flexibilidade para assistir às aulas e procurar emprego. Ela começou a procurar em marketing, para que pudesse usar seu novo diploma, mas a maioria deles não pagava muito mais do que um salário mínimo. Poderia levar dez anos para receber uma promoção ou um aumento. Não parecia valer a pena. Jess precisava de algo com que pudesse contar. E parecia que um emprego básico — mesmo com um diploma — não seria suficiente. Ao contrário de Ray, ela não via esse primeiro trabalho no balcão de maquiagem como um beco sem saída. Após algum tempo como vendedora, Jess percebeu que, como estava se formando em marketing, poderia analisar a possibilidade de subir de nível na hierarquia da loja. E, por fim, acabou encontrando um cargo de gerência em sua área. Ela estava pronta para seguir as regras, investir seu tempo e receber as recompensas.

Isso não foi exatamente o que aconteceu. "Quando comecei a pensar na loja de departamentos como uma solução de longo prazo, organizei um evento de maquiagem para o lugar. Trouxe cerca de cinquenta mulheres que eram minhas amigas e diferentes clientes que vieram à loja para uma de minhas transformações. Essas cinquenta mulheres gastaram muito dinheiro na loja naquela noite. Como eu precisava de ajuda com o evento, recrutei alguns de meus colegas de trabalho, então nem cheguei a receber todas as comissões. Eu havia planejado o evento, mas a loja e os colegas é que haviam se beneficiado. Eu sabia que, se mostrasse boa vontade em trabalhar lá, poderia realmente conseguir um cargo melhor. Tudo estava ótimo."

"Então, na semana seguinte, tive uma reunião para minha revisão anual. Meu gerente, o de cosméticos da loja, solicitou que eu me sentasse e disse que havia alguns problemas. Aparentemente, explicou que eu havia chegado atrasada em uma manhã de terça-feira cerca de um mês antes e que ele não poderia me dar uma boa avaliação. Suas palavras estariam em meu registro durante todo o tempo em que eu trabalhasse na loja. Fiquei chocada. Após ter ido além, provando à loja que estava comprometida em ser exatamente a funcionária que eles precisavam que eu fosse, esse homem tinha o poder de sabotar tudo. Eu estava muito arrasada no momento para perceber que, na verdade, ele estava com medo da minha ética de trabalho. Ele sabia que minha motivação e minhas ideias significavam que eu poderia tomar seu lugar. E, provavelmente, muito em breve. Então decidiu me dar uma avaliação anual péssima na esperança de que seus superiores não me promovessem ou rebaixassem! Surreal, não?"

"Todo o bom trabalho que eu vinha fazendo nunca apareceria no papel. Ninguém em níveis acima do gerente inseguro na hierarquia da loja sabia que eu havia organizado o evento. Essa percepção foi reveladora para mim. Mesmo naquele estágio inicial, quando ainda estava na faculdade, entendi que se eu realmente quisesse a vida que sabia que poderia ter — que eu sabia ser capaz de construir para mim mesma —, precisava seguir um caminho diferente."

Jess saiu do emprego. E logo abriu o próprio negócio após essa revisão anual. Após enfrentar dificuldades durante algum tempo, em virtude dessa transição de funcionária para empresária (algo que impede muitas pessoas de realizarem seus objetivos), ela encontrou um caminho claro para a liberdade (muito sobre o qual falaremos neste livro). Atingiu meta atrás de meta. E acabou no topo da lista do setor que atua. Atualmente, ela não está mais à mercê de um gerente que se sentia ameaçado. Ela define as próprias regras.

Quando ela trabalhava no balcão de maquiagem, a maioria das pessoas que trabalhava lá ficava reclamando do chefe, do trabalho, do horário de descanso. Todas queriam sair dali para ter mais. Mas fizeram alguma coisa além de reclamar?

Bem, recentemente nós voltamos à cidade. Jess foi até essa loja para fazer uma compra rápida. Ela ficou surpresa ao descobrir que a maioria das pessoas com quem trabalhava ainda estava lá após tantos anos. Mesmo odiando o trabalho, elas nunca saíram. Assim como o gerente de Ray nunca saiu do emprego no Winn-Dixie. Elas odiavam aquele emprego enfadonho, mas nunca tiveram coragem de deixá-lo para trás. Como você pode ser infeliz e se sentir confortável com isso? O sofrimento aumentará enquanto seu nível de conforto com a situação só pode diminuir.

"Para vocês isso funcionou", vocês podem estar dizendo, "mas tenho um financiamento imobiliário e contas a pagar. Estou em meu trabalho há mais de 10 anos. Não posso arrumar problemas. Posso até receber uma promoção em breve. As pessoas dependem de mim." Sabemos que você tem compromissos e responsabilidades. Este capítulo não é sobre jogar tudo para o alto e se demitir do emprego para correr cegamente atrás de uma nova carreira. As mudanças tomadas não precisam ser no modelo tudo ou nada. Nunca pediríamos isso a você. Mas o que queremos é que você pare de aceitar sua vida como ela é. Essa é sua primeira etapa. E o foco deste capítulo.

FIQUE INCOMODADO

Recentemente, visitamos um casal de amigos que tem uma filha na pré-escola. Depois que todos nos sentamos para comer, ela reclamou da cor do copo. O dela era azul. Ela queria um vermelho. A mãe, então, inclinou-se e disse, de maneira gentil: "A cavalo dado não se olha os dentes." Era algo que os professores dela provavelmente disseram a essa jovem e seus colegas de classe. E seus pais começaram a usar em casa. Brilhante, cativante e funciona muito bem para crianças pequenas. "A cavalo dado não se olha os dentes."

No entanto, vinte, trinta, quarenta ou mesmo cinquenta anos se passaram desde a pré-escola. Você ainda está vivendo assim como um adulto? Olhe à sua volta. Você está feliz em seu trabalho? Está contente com sua renda? Está satisfeito com o lugar onde mora e com a escola de seus filhos? Caso contrário, é hora de fazer uma mudança. É hora de abandonar essa complacência, de parar e dar os passos necessários em sua vida para conseguir o que deseja. E o que merece. É hora de viver uma vida da qual você realmente goste, não uma que simplesmente tolera. É hora de ficar incomodado.

Neste primeiro capítulo, vamos analisar como anda sua vida, as razões pelas quais você deseja se esforçar para adotar nossos métodos e o que fazer quando sentir que quer desistir. Analisaremos de perto o momento que nossas jornadas tiveram início. E como você pode aprender com o que passamos. Exploraremos, também, como aqueles que orientamos enfrentaram os próprios obstáculos iniciais, e como sua mentalidade os manteve no caminho certo, independentemente do que a vida os trouxe. Ajudamos milhares de pessoas a construírem os próprios negócios e a ganharem mais tempo, dinheiro e liberdade em suas vidas. Agora, vamos ajudá-lo a descobrir o que você quer e como conseguir isso. E, por fim, o que você pode fazer de bom quando começar a alcançar seus objetivos.

Falaremos, ainda, sobre nossa história e nossa jornada de empreendedorismo. Talvez você não tenha certeza se ser um empreendedor é para você. Ou não tem certeza do que quer para sua vida neste momento. Tudo bem! Ajudaremos você a moldar a visão e as etapas com base no que deseja realizar.

Construímos um império baseado na orientação, ensinando as pessoas a obterem sucesso, e mostrando como retribuir às próprias comunidades. Neste livro, queremos repassar a você nosso conhecimento, nossa experiência e nossos métodos. Sabemos que você quer realizar uma mudança. Estamos aqui para mostrar como fazer isso. Nós a vimos, a vivemos e a ensinamos. Não há problema em deixar de lado o status quo. Não há problema em mirar mais alto. Nós fizemos. Agora é sua vez.

PASSO A PASSO: NUNCA É TUDO OU NADA

Passo 1: Vença o medo do desconhecido.

Pense em todas as pessoas que ainda estão no emprego que odeiam — pessoas como o gerente do supermercado em que Ray trabalhou, as mulheres no balcão de maquiagem com Jess e os antigos colegas de trabalho de Ray no condado de Collier. Muitos deles ficaram porque estavam confortáveis. Porque estavam com muito medo de correr riscos. Porque temiam o que poderiam encontrar no mundo lá fora. Muitas pessoas com quem falamos têm os mesmos medos: "E se não der certo?", "E se eu falhar?", "E se eu desistir de um salário fixo por nada?" Você provavelmente está se fazendo as mesmas perguntas, sentindo os mesmos medos e as mesmas incertezas.

Você não precisa passar por esse nível de agonia e dúvida. Não precisa dar um grande salto. Apenas um pequeno passo. (1) Descubra o que o prende; (2) encontre tempo para criar um plano a fim de superar esses desafios; e (3) invista seu tempo em realizar pequenas mudanças. Essas pequenas mudanças se transformarão em mudanças maiores. Então você será capaz de expandir a segurança da qual precisa para apoiar as pessoas que dependem de você.

Uma das melhores maneiras de superar o medo do que pode ou não acontecer é concentrar-se em seu compromisso. Uma vez que você está por conta própria, mesmo que parcialmente, é como o Velho Oeste. Não há ninguém para dizer o que fazer e quando fazer. Ninguém dirá que você está fazendo um ótimo trabalho. Você é o empregado e o empregador. Você é quem decide, colhe todos os benefícios e enfrenta todas as consequências. Depois de assumir isso, a inquietação de pensar "O que vai acontecer?" começa a enfraquecer. Nunca será confortável dar esse salto. Mas sempre tenha em mente que não é uma situação de vida ou morte. Quando você está começando, ainda tem seu trabalho diurno, a renda e os benefícios dele. E você não precisa desistir nunca, a menos que queira. Depois que aprender a gerenciar seus compromissos (o que discutiremos com mais detalhes na Regra nº 5), você poderá expandir seu empreendimento da maneira desejada. Você descobrirá como fazer isso. E nós estaremos aqui para guiá-lo ao longo do caminho.

> **Ponto de Ação**
>
> Continue a escrever seus passos para ter certeza de que os está seguindo. Neste estágio, as metas de curto prazo são tão importantes quanto as de longo prazo. Prepare-se para se concentrar em ambas.

Passo 2: Reconheça seus desafios.

O que está impedindo você de realizar as mudanças que deseja em sua vida? Vejamos o exemplo de Ray. Em sua infância, ele sofria abusos físicos todos os dias. Se você acha que isso não afeta a tomada de decisão de um adulto, está gravemente enganado. Quando adulto, Ray se viu "pondo à prova" todas as situações que vivenciava apenas para se sentir aceito e amado. A narrativa era assim: ele seria informado de que não poderia fazer algo ou não seria bom em algo (como se tornar um programador de dados), então estudaria dia e noite, trabalharia 24 horas por dia, 7 dias por semana para ser o melhor em tudo o que foi dito que ele não conseguiria fazer (como programação de dados). Após provar a todos que era bom nisso, ele ficava entediado, passando para o desafio seguinte. Ray estava se sabotando. Não estava experimentando o sucesso de verdade porque ficava pulando de uma coisa para outra sem perceber que ainda estava reagindo a um gatilho inconsciente desde a infância. E reconhecer o que está prendendo você é o primeiro passo para consertar.

No caso de Jess, ela viu sua mãe perder tudo o que trabalhou tão duro para ganhar. Isso a fez se agarrar à crença de que o sucesso é uma responsabilidade grande e assustadora. E pode literalmente desmoronar a qualquer momento. Sua mãe passou de uma vida confortável, com um trabalho muito bem remunerado, para uma casa em execução hipotecária. Às vezes, tendo que morar em seu carro. Já adulta, toda vez que Jess começava a ter sucesso, ela pensava: "Isso não vai durar", o que a fazia ter medo de seguir em frente para crescer mais.

Todos têm um passado. Inclusive você. Seja totalmente honesto consigo mesmo sobre os gatilhos que o estão impedindo. Sempre se questione POR QUE faz as coisas que faz. POR QUE acredita nas coisas em que acredita. E POR QUE se apega às coisas de que acha que precisa.

Para muitas das pessoas com as quais conversamos, umas das coisas que se apegam, e que as estão impedindo, são os benefícios tidos em seu trabalho atual. "Como eu poderia desistir daquele plano de saúde que a empresa fornece?", elas nos perguntam. A resposta é simples: VOCÊ NÃO PRECISA! Seu empregador não é a única fonte de seguro-saúde. Quando Ray deixou seu emprego público, todos pensaram que ele estava louco. Desistir dos maravilhosos benefícios do governo era algo quase inédito. Mas Ray fez isso. Ele deixou o emprego, encontrou uma maneira de pagar pelos próprios benefícios e construiu um negócio atrás do outro. Pense no que ele nunca teria conquistado se simplesmente tivesse permanecido naquele cargo público, década após década, porque não queria pagar um pouco mais pelo plano de saúde.

Identifique o que está prendendo você e, em seguida, pense em como seria sua vida sem isso. Pode não ser algo grande, como o plano de saúde, ou algo pequeno, como o meio que usa para ir ao trabalho. Seu deslocamento diário o deixa infeliz? Após descobrir o que o está atrapalhando, você pode começar a realizar algumas mudanças. O que seria necessário para tornar o trajeto mais curto? Um emprego diferente? Um trabalho remoto? Mudar-se de casa? Um carro novo? Pare de sentir medo, de reclamar disso e de permitir que isso estrague suas manhãs e suas noites. Analise suas opções para começar a imaginar como será essa mudança

Lembre-se de que não precisa ser tudo ou nada. Se o problema for seu deslocamento diário, experimente pegar caronas ou ouvir audiolivros ou podcasts no caminho — há muitas maneiras de melhorar essa parte de sua vida. Reclamar sem parar e nunca fazer nada não é uma solução permanente — na verdade, sequer é uma solução. Se o problema for o plano de saúde, comece a pesquisar o que envolveria a aquisição de um plano individual. Se for o relacionamento com seu chefe, comece a procurar outras posições dentro da empresa. Se não estiver satisfeito com o bônus da empresa ou seu salário, comece a ler sobre táticas de negociação. Você pode se surpreender com o que vai encontrar.

> **Ponto de Ação**
>
> Escreva o que está prendendo você. Em seguida, pesquise todas e quaisquer maneiras de resolver esse problema. Nada é exagerado; nenhuma ideia é muito pequena ou muito grande. Basta colocar no papel e partir desse ponto.

Passo 3: Estabeleça seus próximos passos — mesmo que sejam pequenos.

Você analisou a logística e encontrou maneiras de fazer as mudanças que quer, da forma como quer, em sua vida atual. Você não precisa largar seu trabalho para começar do zero sem nenhuma garantia. Se quiser, um dia, deixar seu emprego atual e fazer algo que ama, comece criando um empreendimento paralelo. Pode ser um comércio online, um treinamento para pessoas que querem trabalhar na sua área ou, inclusive, um trabalho extra para receber uma comissão maior dentro da empresa atual. Pode ser, também, analisar em que está gastando seu dinheiro atualmente e encontrar maneiras de gastar e economizar de modo diferente. Quaisquer que sejam seus próximos passos, certifique-se de não afetar seu trabalho diário ao se mover em direção ao novo empreendimento. Isso não deve prejudicar seu sustento até que você esteja pronto para realizar uma mudança sob SUAS condições. Observe o que funciona e o que não funciona para você. A mudança gradual permitirá que você ganhe dinheiro em seu novo empreendimento primeiro e, em seguida, o ajudará a sair do emprego, se é isso que você deseja. Você não está entrando no Programa de Proteção a Testemunhas; está trabalhando em maneiras de melhorar sua vida sem arruiná-la.

Dedique blocos de seu dia para determinar como você fará tudo o que se propôs a fazer. Se estiver buscando uma nova maneira de realizar seu deslocamento diário, descubra o que precisa fazer, pesquise suas opções e escolha uma. Se estiver buscando uma maneira de substituir seus benefícios para que possa deixar seu emprego quando estiver pronto, então é a isso que você deve dedicar seu tempo. Se é economizar dinheiro para que possa investir em si mesmo, então esses blocos de tempo devem ser gastos no orçamento, voltando-se para a quantia que você tem agora e buscando maneiras de aumentá-la, para que você possa alcançar seus objetivos enquanto permanece na situação atual.

Não há uma resposta certa no Passo 3. Você está apenas explorando suas opções. Falaremos mais detalhadamente sobre quais são essas opções na Regra nº 6, "Prepare o terreno". Esse também é o ponto em sua jornada em que você começa a varrer as desculpas. Se sua desculpa é "Não tenho tempo para mudar minha vida", arrume tempo. Mesmo que isso signifique sacrificar o tempo que passa em frente à TV ou dormindo nos fins de semana; ou desistir de ouvir música no carro e preferir ouvir cursos de desenvolvimento; ou acordar 30 minutos mais cedo todos os dias.

Para Ray, isso significou se afastar dos amigos e dedicar-se ao trabalho: "Parei de ir almoçar com meus colegas de trabalho e de reclamar dos patrões. Parei de desperdiçar minhas pausas apenas para ficar à toa na sala de descanso. Em vez disso, dei telefonemas. Levei marmita, esquentei, engoli rapidamente e, em seguida, saí para ligar e tentar conseguir trabalhos paralelos. Basicamente andei ao redor do lago perto de meu escritório e dei telefonemas." Crie tempo, invista nele e use-o.

Não se preocupe com o que as pessoas vão dizer. Não se preocupe se isso "não se encaixa em sua personalidade". Se você realmente quer mudar, se realmente deseja fazer mais de sua vida, deve focar no que deseja fazer. Reclamar sobre sua situação nunca vai mudá-la. Se tudo o que você faz é reclamar, permanecerá atrás daquele balcão de maquiagem ou gerenciando o supermercado Winn-Dixie até morrer. Você não precisa viver em suas circunstâncias atuais. Ninguém precisa.

Ponto de Ação

Ganhe o tempo de que você precisa para pesquisar e implementar seu plano. Todas as noites, anote quando tempo dedicará para isso e o que fará para que consiga se comprometer no dia seguinte.

Passo 4: Inicie sua jornada — um passo de cada vez.

Lembre-se: você não precisa fazer tudo já no primeiro dia. Olhe para seu plano e dê o pequeno próximo passo. Se decidiu vender o próprio produto online, comece criando a própria plataforma de mídia social. Se der certo, migre para uma loja da Amazon. Se tudo correr bem, configure o próprio site para a distribuição de seu produto. Se você está trabalhando como coach ou mentor e deseja atrair mais clientes pessoais para atingir seus objetivos, comece a construir sua lista de contatos e a contatar cada pessoa dessa lista, uma por uma. Se quer continuar trabalhando e crescendo em sua empresa atual, faça o que for necessário para alcançar o próximo nível.

Durante esse tempo, enquanto está trabalhando para seguir seu plano, você ainda deve estar trabalhando duro em seu trabalho diário. Minimize o risco de seu novo empreendimento, mantendo sua fonte original de receita junto com a nova. Quando encontrar o que funciona para você — e quando tiver dinheiro suficiente para flexibilizar —, você terá opções. Assim que tiver essas opções, use-as! Você pode usar seus ganhos extras para obter um diploma em sua área e ser promovido em seu trabalho atual. Pode manter sua carreira como está, mas reduzir seu horário para aproveitar mais a vida fora do escritório. Ou pode simplesmente economizar esse dinheiro extra para usar mais tarde. Quando estiver pronto para sair de seu trabalho atual, conseguirá fazer isso da forma como deseja.

Lembre-se de que ter mais de uma fonte de renda não serve apenas para levá-lo ao que você deseja alcançar; também pode servir como uma rede de segurança, caso algo inesperado aconteça com seu trabalho diário. Os funcionários da Toys "R" Us, da

Blockbuster e do Lehman Brothers provavelmente pensaram que estavam seguros e protegidos com seu único salário... até que não estavam mais. Não se arrisque colocando todos os ovos na mesma cesta — especialmente se estiver insatisfeito com a quantidade de ovos e odiar a cesta.

> **Ponto de Ação**
>
> Dê o primeiro passo para implementar seu plano, usando os blocos de tempo que conquistou. Assim que concluir esses primeiros passos, passe para o próximo, e assim em diante.

A VIDA NÃO É UM ENSAIO GERAL

Você sabe que quer mudar. Sabe que deseja mais para sua vida. Você tem um plano. Agora é hora de dar o primeiro passo. A vida que você está vivendo no momento é a única que você tem. Como Oprah Winfrey diz: "A vida não é um ensaio geral, você está no palco agora." Você quer passar para o próximo ato ou quer ficar preso neste para sempre? É assim que quer passar o resto de sua vida? Você está exatamente onde deseja estar? Se você abriu este livro e o leu até aqui, provavelmente não está satisfeito. Não espere mais um dia. Não vale a pena.

Eis outro ângulo a considerar. Veja o exemplo que você está estabelecendo para as pessoas ao seu redor. O que seus filhos estão vendo? O que você os está ensinando a aceitar? Pense no que você deseja que eles vejam como futuro, o que quer que eles imitem quando ficarem mais velhos. A maneira como você vive sua vida afetará a maneira como eles vivem a deles. A maioria das pessoas tem medo de dar o primeiro passo. Afaste-se da multidão e seja a pessoa que você espera que seus filhos sejam quando enfrentarem essas mesmas questões.

Mesmo sabendo que está fazendo a coisa certa para você e sua família, prepare-se para ser investigado. Quando deixamos nossos empregos para buscar o empreendedorismo em tempo integral, todos nos disseram que éramos loucos. Ninguém nos apoiou, ninguém procurou nos entender e ninguém aceitou o que estávamos fazendo. Foi muito solitário. As pessoas nos encontravam e diziam: "Cara, ouvi dizer que vocês estão largando o emprego. Por que estão fazendo isso?"

Nós respondíamos: "Quer saber, eu não gosto de verdade desse trabalho. Estou meio infeliz." A resposta da maioria das pessoas era a mesma: "Nós também somos infelizes, mas precisamos de um salário seguro e estável, benefícios etc." As pessoas ao nosso redor estavam com medo de sair de sua zona de conforto e alguns se ressentiram com o fato de que estávamos fazendo o que eles tinham medo de fazer. Elas nos olhavam como se fôssemos loucos, porque, em suas mentes, estávamos quebrando a regra que todos aprendemos quando crianças: a cavalo dado não se olha os dentes.

ENTENDENDO AS PESSOAS AO SEU REDOR

Ao iniciar essa jornada, você provavelmente observará reações semelhantes das pessoas ao seu redor. Você decidiu parar de seguir as regras, e isso geralmente não soa bem para as pessoas. Inclusive, essas pessoas podem ser seu cônjuge ou seus parentes próximos. As preocupações delas podem ser baseadas no amor que têm por você, mas também há o medo do desconhecido. Conforme descobrem que você não está dando um grande salto e que vai mudar sua vida para melhor aos poucos, passo a passo, elas podem mudar ou não de opinião. Ouça as pessoas, mas não deixe que elas o impeçam de fazer o que você se propôs a fazer. Pense em seus objetivos de longo prazo. Pense no bem que você pode fazer com os recursos e o tempo que ganhará. Seus objetivos e sua motivação superam seus medos.

Na verdade, aqueles que se opõem podem até estimulá-lo. Veja o exemplo de um dos professores de Ray, que admirava muito esse educador. Certo dia, quando Ray foi até ele e disse que estava deixando um emprego em um escritório para trabalhar com marketing e vendas por conta própria, seu professor riu e lhe disse: "Ah, você vai voltar." Não era o que Ray queria ouvir, mas, de certa forma, era o que precisava ouvir. Mais tarde, ao relembrar isso, Ray ficou extremamente grato por essa reação, porque isso o estimulou. Ele pensou: "Vá se ferrar, amigo. Vou fazer isso dar certo." Provavelmente, foi uma bênção ele ter recebido essa reação desencorajadora de alguém em quem confiava e admirava. A lição é: se você não quer ter a vida que eles têm, não lhes dê ouvidos.

É errado pensar que as pessoas bem-sucedidas têm muito apoio e nenhum obstáculo, pois nem sempre é esse o caso. Geralmente é o oposto. Portanto, não presuma que seus amigos irão apoiá-lo cegamente, não importa o que aconteça. Seus movimentos podem ser desafiadores para seus amigos e para sua falta de ação ou de tomada de decisões difíceis. Esteja preparado para ser desencorajado. Não deixe que isso o detenha.

Em vez disso, procure o apoio de pessoas que são mais bem-sucedidas do que você, porque isso o força a elevar o nível. Como o rapper Nipsey Hussle disse uma vez: "Se você olhar para as pessoas em seu círculo de amizades e não se inspirar, então você não tem um círculo. Você tem uma gaiola."

Mesmo se você estiver no mesmo nível que as pessoas em seu círculo, tome cuidado. É fácil cair na armadilha de reclamar das mesmas coisas ou ter dificuldades com as mesmas preocupações que eles. Você pode se acomodar, ficar preocupado e pensar demais, ou pode se cercar de pessoas que são mais bem-sucedidas e observar como elas resolvem esses mesmos problemas.

FICANDO INCOMODADO: REGRA Nº 1 NA VIDA REAL

Por meio de nossos cursos, programas de coaching, nossas palestras e do alcance da mídia social, conversamos com milhares de pessoas sobre as mesmas coisas das quais falaremos neste livro. Já estivemos no palco em frente a dezenas de milhares de pessoas e em salas com menos de dez pessoas. Suas histórias são tão únicas quanto as pessoas que as contam, mas há um traço comum subjacente que permeia todas elas: todas queriam alcançar mais em suas vidas. Elas queriam fazer a diferença, causar um impacto no mundo ao seu redor. Quer fosse para seus filhos, sua cidade ou, até mesmo, seu país, elas queriam mais. Esperamos que, ao compartilhar algumas de suas histórias, possamos ajudá-lo a se ver nelas e a ser inspirado a "ser a razão" por meio da qual você e outras pessoas em sua vida alcançarão o sucesso.

Uma de nossas pupilas, Kristen, é professora em tempo integral. Ela adora o que faz, mas infelizmente seu trabalho não paga o suficiente para sustentá-la e sustentar seus filhos. Quando seu ex-marido passou por momentos difíceis e parou de ajudar nas contas, ela não conseguia nem pagar as compras, muito menos os luxos. Não que ela estivesse ficando complacente com suas circunstâncias e precisasse de uma mudança; sua situação não era mais viável para ela e seus filhos. Ela precisou mudar. Kristen já estava se aventurando na área de vendas como um trabalho secundário ao seu de professora, mas sabia que precisava elevar o nível se quisesse sustentar seus filhos, conseguir lhes dar as coisas que eles queriam e fugir de sua realidade atual. Então ela encontrou uma maneira de investir em si mesma e em seu negócio. "Eu já estava passando por dificuldades", ela nos disse. "Sabia como sobreviver com muito pouco. Sabia que, se não investisse em mim agora, nunca teria qualquer tipo de retorno. Nunca." Kristen sabia o que estava além do status quo e, então, correu atrás disso, por si mesma e por seus filhos. Eles a observavam, como também as decisões que ela estava tomando com relação à própria vida. Ela sabia que precisava ter a coragem que queria que eles tivessem quando fossem adultos. Seu objetivo, agora, era se sustentar por meio de seu trabalho em vendas e transformar a carreira de professora, que ela adora, em um hobby agradável.

Eileen é outra professora. Ela dá aulas em um programa de pós-graduação para professores há três décadas e ama o que faz. Ensinar é a paixão de sua vida. Mas ela está se aproximando da aposentadoria e, com o salário de professora, não conseguiu economizar nada para esse momento. Ela gosta de carreira que construiu, mas recebe o mesmo salário há décadas. Em virtude da iminência de uma aposentadoria, ela sabia que não poderia permanecer nesse mesmo caminho. Eileen não tinha uma invenção ou um produto em mente, então decidiu pesquisar produtos que já estavam no mercado, para que pudesse fazer parceria com uma empresa e ganhar comissão pelas vendas. Ela não sentiu a necessidade de começar algo totalmente novo para realizar seu primeiro empreendimento empresarial. Ela quer que esses primeiros passos de sua carreira em vendas se transformem em uma segunda carreira, que servirá de apoio quando se aposentar. Ela não tem a intenção de viver na dependência do dinheiro da aposentadoria. Essa não é a vida que ela quer.

John, outro aluno nosso, também vislumbrava o futuro, não com relação à sua carreira, mas a seus filhos. Quando seus dois primeiros filhos nasceram, ele trabalhava em tempo integral, sentia segurança e estava tranquilo com relação à vida que levava. Quando o mais novo nasceu, porém, ele estava trabalhando apenas meio período. O estresse com relação ao salário, às horas de trabalho e ao futuro minava qualquer energia que tinha para os filhos ou para a família. Ele sentia falta de ver as crianças saindo para a escola e estava estressado demais, por causa do trabalho, quando elas chegavam em casa. Isso estava afetando seu relacionamento com o filho mais novo, em particular. Ele sabia que algo precisava mudar. Então, John decidiu abrir um negócio por conta própria. Ele largou o emprego de meio período e investiu todos os seus recursos nesse novo negócio, que está dando certo. Ele sabia que o ambiente em que estava era tóxico e não apoiaria seu empreendedorismo, então resolveu se arriscar. Esse definitivamente não é o melhor caminho para todos, já que a maioria das pessoas precisa de seus empregos para sobreviverem, mas John tinha uma pequena reserva de dinheiro e pôde correr esse risco. Com nossa ajuda, ele está aplicando as regras deste livro para desenvolver seu empreendedorismo, de modo que possa estar em paz com sua família. A jornada de John está apenas começando, mas ele deu o primeiro passo para deixar para trás seu panorama atual. Isso exige coragem. Imploramos que você também dê um primeiro passo, assim como fez John.

    Da mesma forma como esses três alunos nossos, nós também tivemos que superar obstáculos — tanto internos quanto externos — para conseguir o que queríamos. Todos podemos plantar nossas sementes, mas o modo como regamos e cuidamos dessas mudas é crucial para o sucesso de tudo o que nos propomos a realizar. O capítulo seguinte fala sobre o cultivo de seu jardim e a retirada de todas as ervas daninhas que brotam e ameaçam estrangular seus esforços à medida que crescem.

REGRA Nº 2

ARRANQUE SUAS ERVAS DANINHAS

"Nos últimos 10 anos", Ray disse, "consegui construir uma vida maravilhosa. Tenho uma família incrível. Estou em minha melhor forma, considerando um período de vinte anos. E nos últimos dez anos, a receita dos negócios aumentou, batendo recordes a cada ano. Mas nem sempre foi assim. Eu tinha o costume de me acomodar em diversas áreas da vida. Quando estava realmente em boa forma, minha renda era ruim. Ou quando minha carreira estava indo bem, eu estava tendo problemas de relacionamento. Para ser honesto, até alguns anos atrás, achava que não era possível alcançar a excelência em todas as áreas. Agora percebo que eu é que estava acomodado. Se você puder abraçar a ideia de não se contentar, e se esforçar para conseguir o que realmente deseja em

TEMPO ⏲ DINHEIRO § LIBERDADE ✷

todas as áreas de sua vida, ficará surpreso com o que é capaz de realizar e construir."

"Houve um momento em minha vida que eu estava acostumada a resolver tudo", diz Jess. "Relacionamentos, rendimentos, casas, roupas, trabalhos. Houve um tempo em minha vida onde estava em um relacionamento em que eu sofria muito abuso verbal. Ele gritava comigo pelo telefone, xingava, dizia que eu não merecia uma vida melhor — sendo que ele era um vencedor nato, só que não. Quando terminei o relacionamento, lembro-me claramente de ter pensado comigo mesma: 'Provavelmente não conseguirei nada melhor do que isso, então por que vou terminar?' Nesse momento percebi que tinha aceitado receber resultados medíocres em todas as áreas — até mesmo resultados ruins, porque havia me acomodado — e decidi, naquele instante, que 'CHEGA!' Eu sentaria na minha varanda, como uma mulher de cem anos de idade, olharia para trás e consideraria as coisas incríveis que havia conquistado. Ou relembraria todas as coisas que poderia ter feito, mas tive medo demais para correr atrás?" Jess nunca mais foi a mesma após tomar essa decisão.

Queremos que você comece a procurar os pontos em sua vida que estão sempre se acomodando. Inclusive as principais áreas das quais você guarda ressentimento. Para todos nós, o principal adversário é o status quo. Mas queremos que você vá mais fundo. O que está causando infelicidade? Saúde? Emprego? O lugar em que vive? Um relacionamento tóxico? Comece fazendo uma lista do que está atrapalhando sua vida. Desenvolva isso ao longo de uma semana. A construção dessa lista será nosso foco ao longo deste capítulo. Conforme você lê, sua lista pode aumentar. Não se contenha. Você deve arrancar essas ervas daninhas antes de passar para a regra seguinte.

Qualquer coisa que atrapalhe seus sonhos é uma erva daninha. Ao se livrar dessas barreiras, ter conversas difíceis, não se acomodar, desafiar as coisas que não são positivas em sua vida, você pode permitir que a mente se concentre em algo novo, em seu crescimento e na seguinte pergunta: "O que posso trazer de incrível para a minha vida?" Para tal, você deve primeiro observar como são seus dias e como aborda cada aspecto da vida, começando pela atitude diante disso.

Todos sentimos que precisamos suportar muita coisa todos os dias. Para você, talvez sejam as escolas da região, que você não gosta muito, o trajeto insuportável para o trabalho, seu chefe, os colegas de trabalho ou, ainda, sua remuneração. Pode ser qualquer coisa. Pode até ser simples, como sua escrivaninha. Você pode estar lendo este livro em uma escrivaninha velha e acabada. Pode olhar para ela e dizer: "Ah, tanto faz, está bom assim". Mas NÃO está. Por que se contentar com menos em qualquer aspecto de sua vida? Quando você faz isso, está dizendo para si mesmo e para o mundo ao seu redor: "Eu não mereço mais". Ambos sabemos que isso NÃO é verdade.

Este capítulo pede para desafiar esse sentimento. Pare de se perguntar: "Será que sou digno e mereço ter mais em minha vida?" A resposta é sim. E o primeiro passo é reconhecer que você É digno de ter mais.

Você pode estar dizendo a si mesmo: "Você nem me conhece! Como pode dizer isso?" Não, não o conhecemos pessoalmente; nem precisamos. Sabemos que todas as pessoas têm uma grandeza dentro de si, mas, se você não começar a acreditar que merece essa grandeza e não eliminar as coisas que sufocam essa crença, sempre será medíocre. Se você acha que não merece a felicidade, por que algo ou alguém deveria apoiar sua felicidade?

> **Ponto de Ação**
>
> Escreva em um papel os resultados ruins ou medíocres por meio dos quais você está baseando sua vida. Ou mesmo os resultados bons que poderiam ser ótimos se você mudasse algumas táticas e alguns sistemas de crenças.

Passo 1: Analise sua atitude.

Antes de abrir o próprio negócio, Ray estava amarrado à estrutura corporativa ao redor. Ele estava progredindo no mundo lá fora e ganhando mais dinheiro. Porém passava cada vez menos tempo com sua família em virtude das demandas do trabalho. Ele não conseguiria ir a uma viagem de acampamento de escoteiros dos seus filhos por causa do prazo de um projeto. Ele teve que pedir permissão para levar as crianças ao dentista. Ray não tinha controle sobre a própria vida. E odiava isso. Esse estilo de vida corporativo o estava impedindo de fazer o que ele queria da vida. Após algum tempo, ele percebeu que estava sacrificando tudo o que amava por aquele aumento anual de 4%. Ele queria liberdade. E queria que essa liberdade significasse alguma coisa. Ele nunca seria feliz vivendo assim. Muito menos conseguiria construir a vida que realmente desejava. A erva daninha que Ray teve de arrancar foi: trabalhar para outra pessoa.

Às vezes, uma erva daninha é tão grande e as raízes tão profundas que descobrimos que estamos nos apoiando nelas, usando-as como suporte. Sem perceber que elas estavam nos impedido esse tempo todo. Outra erva daninha de Ray era tão grande, que pairou sobre ele por toda a vida. E afetou a maneira como ele interagia com as pessoas, incluindo sua família:

"Sempre tive dificuldade em permitir que as pessoas se aproximassem de mim. Não tenho problemas em ficar vulnerável em cima de um palco, diante de diversas pessoas, e fazer uma excelente palestra. Consigo falar de negócios com qualquer pessoa. Porém, quando se tratava de relacionamentos individuais, eu tinha certa resistência em permitir que as pessoas se aproximassem de mim em um nível mais pessoal. Só fui entender de fato o motivo disso depois que comecei a escrever este livro.

"Quando eu tinha 7 anos, minha professora percebeu que havia algo errado. Seus sentidos de professora estavam aguçados. E ela queria ajudar, então me fez consultar uma orientadora. Eu realmente não entendia por que estava me encontrando com essa outra pessoa. No início, resisti. Mas a orientadora parecia uma pessoa muito legal, que genuinamente se preocupava comigo. Então comecei a me abrir sobre o abuso que sofria em casa. Imagino que algumas das histórias foram muito pesadas para os ouvidos dela. Não creio que ela sabia muito bem o que pensar a respeito disso. Compartilhei os momentos nos quais estava com tanta fome que roubei comida do freezer e fui comer fora de casa. Contei do dia em que passei mal, vomitando no meu mingau (que já detestava comer), e que me recusei a continuar comendo (com o vômito dentro do prato). E que minha madrasta cravou um garfo em meu peito. Contei a ela que todas as manhãs era acordado pisoteado, sendo jogado contra o armário. Contei tudo o que estava morrendo de vontade de contar a alguém durante os últimos sete anos. Achei que ela fosse minha amiga e confidente. Então aconteceu uma coisa...

"Certo dia, entrei para o que pensei ser a reunião regular com pais de alunos. Meu pai e minha madrasta estavam na sala, sentados, esperando por mim. E enquanto nós três ficamos sentados lá, a orientadora contou tudo o que eu havia dito. Ela pensou que eu estava inventando tudo e achou que meus pais deveriam saber o que o filho estava dizendo."

"Foi um dia ruim. E uma noite pior ainda."

"Essa mulher deveria me ajudar. Eu confiei meus segredos para ela. Acreditei que ficaria do meu lado. Mas ela violou essa confiança da pior maneira possível. Depois disso, tive meu coração partido novamente algumas vezes. Uma vez foi tão ruim que cheguei a tentar suicídio. Parei de confiar nas pessoas. E de deixá-las entrar porque precisava me proteger. Esse medo de chegar perto e ser ferido se originou após essa experiência aos 7 anos de idade, o que me fez permanecer distante de quase todas as pessoas em minha vida. Deixar alguém entrar significava perigo. Vulnerabilidade significava que haveria consequências graves."

"Mas há esperança. Ao ter consciência disso, posso escolher me expor de maneira diferente. É uma erva daninha que agora posso arrancar. Pode levar tempo, posso precisar de uma motosserra, uma escavadeira e um carrinho para carregar os tocos, mas sei que posso arrancá-la. E estarei melhor quando fizer isso. Arrancar essa erva daninha não garante que ninguém será capaz de me machucar. Mas significa que, se o fizerem, sei que não é minha culpa, que quem perderá serão eles. Arrancar essa erva me permite dizer a mim mesmo que sou uma boa pessoa e mereço mais."

Ray está arrancando suas ervas daninhas até hoje. Ele está trabalhando duro para ter uma vida melhor. Nunca é tarde para reconhecer o que está o impedindo. Nem para remover isso de sua vida. Assim como Ray, você merece mais.

> **Ponto de Ação**
>
> O que está deixando você infeliz? O que está prejudicando seu relacionamento com outras pessoas? O que está causando seu mau humor? Do que você tem medo quando o alarme dispara? Comece sua lista por esses itens. Depois, passe a explorá-los. Seja por meio de um diário, uma conversa com seu(sua) parceiro(a) ou um telefonema para um amigo de confiança. Se você está tendo sérias dificuldades e problemas emocionais, pode, inclusive, considerar uma conversa com um terapeuta ou um psiquiatra. Você tem força para fazer isso. Dê o primeiro passo.

Passo 2: Analise seu tempo.

Arrancar ervas daninhas não significa apenas olhar para as áreas de sua vida que o estão impedindo de fazer algo. Significa olhar para seus hábitos. Depois de analisar sua atitude, e em que pode melhorar a forma como aborda as coisas, é hora de analisar seu tempo. Você está, inconscientemente, definindo prioridades ao decidir como usar seu tempo. No que você dedica seu tempo? Está ajudando ou prejudicando as coisas? Se estiver prejudicando seu objetivo maior, então, é uma erva daninha.

O que você está fazendo constantemente que, de fato, não serve como propósito maior, não é gostoso, não é incrível e não traz rendimento nenhum? Identifique essas tarefas e adicione-as à sua lista. Pode parecer assustador no início. E as coisas que você listar podem parecer malucas. Quem mais faria o café da manhã dos seus filhos? Quem mais limparia a sua casa? Quem mais cortaria a grama, cuidaria das contas e desmontaria as luzes de Natal? Você pode não ter as respostas para todas essas perguntas. Nem conseguir parar de fazer essas tarefas neste mesmo segundo. Mas anote-as mesmo assim.

Uma tarefa comum, por exemplo, é o serviço doméstico. Muitas mulheres passaram a infância inteira vendo suas mães "Cinderelando" pela casa, limpando, cozinhando, mantendo tudo em ordem. Então, agora acham que precisam fazer a mesma coisa, mesmo que odeiem essas tarefas e que haja coisas melhores a fazer. Não precisa ser assim.

Jess sentia-se culpada por deixar de fazer as tarefas de "mãe", como lavar a roupa das crianças, cozinhar para elas etc., mas essas atividades tomavam muito tempo. Para ela, tudo mudou quando Ray disse: "Jess, as crianças não se lembrarão de quem dobrou as meias, mas se lembrarão de quem foi aos jogos de beisebol e aos treinos de balé. Não se deixe enganar." Jess percebeu que, se ela quisesse estar presente em todos os grandes momentos da vida dos filhos, não aconteceria enquanto dobrava roupas — aconteceria ao criar um estilo de vida que permitisse ter liberdade e flexibilidade, um conceito sobre o qual falaremos muito neste livro. Seu tempo valia muito mais do que tarefas domésticas, que não davam alegria OU renda. Então, ela começou a pensar em contratar uma governanta.

Você também pode fazer isso, mesmo se, a princípio, achar que não pode pagar. Comece a pesquisar, consiga algumas indicações com pessoas que você conhece e têm uma governanta, e analise os valores. Então faça as contas. Quantas horas extras você teria que trabalhar para pagar uma empregada ou uma faxineira? Provavelmente, seria muito menos do que o tempo que gasta limpando a casa agora. Se pudesse usar essas três ou quatro horas para investir em você ou em seu negócio, você não apenas arrancaria a erva daninha, como também arrumaria tempo para ser produtivo de uma forma que o beneficie. Pense nisto: se uma governanta cobra US$ 15 por hora, você acha que ganhará tanto ou mais dedicando seu tempo aos negócios uma hora por dia? Absolutamente! A maioria das pessoas está pensando nisso da forma errada. Elas olham apenas para o custo em vez de olhar para a recompensa com os benefícios potenciais. É uma mudança de mentalidade que muitas pessoas têm medo de fazer. Porém você não precisa pensar da mesma maneira.

Para Ray, era a grama: "Meu pai adorava cortar grama. Eu não gosto de cortar grama. Jurei que haveria um dia em que não existiria mais grama. Não haveria mais essa tarefa. Porque eu simplesmente não gosto dela. Eu esperava pelo dia em que não tivesse mais um cortador de grama na minha garagem. Mas como eu era pai, o processo natural de pensamento era: 'Ah, tenho que fazer isso outra vez; é meu dever'. Eu poderia ter passado esse tempo com meus filhos, ou com um hobby que eu amava, ou servindo minha comunidade, ou em meu negócio. O trabalho no quintal foi uma das primeiras ervas daninhas que arranquei. Não cortei mais minha grama. Estou em uma posição em que posso contratar alguém para fazer essa tarefa, então estou apoiando o sustento de outra pessoa enquanto gasto meu tempo com o que realmente quero fazer. E estou mais feliz assim."

A erva daninha mais recente de Jess estava relacionada à família. Quando se tornou mãe, ela sentiu que precisava fazer tudo sozinha. Se não o fizesse, significava que era uma "péssima mãe". Quando nossa filha nasceu, Jess fez de tudo: "E foi a coisa mais difícil que já fiz na minha vida. A transformação de mulher de negócios para mãe foi mais difícil do que eu jamais imaginei. Lavei a roupa, cuidei do bebê e fiz todo o trabalho doméstico. Como eu estava ocupada com todas essas coisas, não fazia absolutamente nada relacionado ao mundo dos negócios. Tirei minha licença-maternidade, mas sabia que terminaria assim que eu voltasse a trabalhar no meu negócio, o qual fazia de casa. Eu queria ser mãe e dirigir o empreendimento; não queria apenas fazer um ou outro. Depois que a Sabrina nasceu, senti que não conseguia fazer as duas coisas. E estava quase usando isso como desculpa para me dedicar apenas ao serviço doméstico. Como um filho pode ser minha erva daninha? Sempre que a ideia surgia, eu a descartava.

"Durante muito tempo, não quis receber ajuda — nem mesmo da família — porque senti que era eu quem deveria fazer tudo sozinha. Naquela época, em minha cabeça, acreditava que ser mãe era isso. Então pensei no que estava fazendo, não como mãe, mas do ponto de vista de uma filha. Lembrei-me de que meus pais eram presentes em meu mundo. Eles estavam presentes em todos os melhores momentos de minha infância: as aulas de canto, as apresentações, os recitais de balé, tudo. Nenhuma lembrança era sobre quem lavava a roupa ou quem dobrava as meias. Fazer essas coisas não faz de você uma mãe 'boa' ou uma mãe 'ruim'. Minha erva daninha não era a minha recém-nascida; era a maneira como eu estava abordando a maternidade e como isso afetava todo o direcionamento do meu tempo.

"Quando meu segundo filho, Graham, nasceu, contratei uma babá durante a noite. Ela é melhor do que eu em alimentá-lo neste período e fazê-lo dormir novamente, porque é treinada profissionalmente. E como passei a dormir melhor, consigo estar mais presente durante o dia, o horário que mais importa para a Sabrina e o Graham. Posso fazer coisas importantes para mim. E também me concentrar em meus filhos. É disso que vão se lembrar. Não de quem lavou a louça e dobrou os lençóis. Tenho inveja das mulheres que dedicam suas vidas à maternidade. São pessoas incríveis, com uma paciência e um nível de compreensão que talvez eu nunca alcance. O meu organismo é configurado para ser uma pessoa e uma provedora melhor quando estou trabalhando fora de casa. Assim que percebi isso, mudei a forma como gerenciava meu tempo, o que eu terceirizava e o que eu mesma fazia. E foi um mundo totalmente novo como mãe."

Para Jess, a maternidade não era uma erva daninha, mas sua mentalidade com relação a seu novo papel que a estava atrapalhando. As ervas daninhas podem ser hábitos, como fumar ou dirigir cinco quilômetros extras todos os dias para pegar o café que você adora. Pode ser aquele happy hour algumas vezes por semana. Ou os diversos pedidos de delivery de comida à noite, após o trabalho. Além de sair caro — os gastos poderiam ser revertidos em dinheiro investido em seus objetivos —, esses tipos de ervas daninhas também estão tomando muito tempo de seu dia. Você precisa identificá-las. E arrancá-las também.

Ponto de Ação

Observe atentamente tudo o que estiver atrapalhando sua jornada. Adicione na lista.

Passo 3: Analise seus relacionamentos.

Como as pessoas ao seu redor o tratam? Eles estão desafiando você de forma produtiva ou estão sugando todo seu tempo e sua energia? Uma erva daninha de relacionamento pode ser um amigo, um cônjuge ou mesmo o chefe. Lembre-se do gerente de Jess no balcão de maquiagem. Ele era um idiota inseguro que estava preocupado em perder o emprego para uma jovem empreendedora. Assim que Jess percebeu, ele se tornou uma erva daninha que ela teve que arrancar. Agora pense em todas as pessoas que simplesmente convivem com chefes idiotas por muitas décadas. Elas merecem coisa melhor. Assim como você.

Nota: É importante distinguir especificamente o que é uma erva daninha. Especialmente quando se trata de trabalho. Se você tem um chefe fantástico, mas odeia o trabalho, é uma coisa. Se tem um chefe horrível, mas ama o trabalho, que está servindo a seus objetivos futuros, pense em como você pode mudar essa situação para continuar realizando-o. Além disso (e é extremamente importante), SEJA GRATO pela posição em que você está agora. Mesmo que odeie as circunstâncias atuais, sentir gratidão por ter um emprego tornará sua vida e a vida das pessoas ao seu redor muito mais fácil. Você ficaria surpreso com quantas oportunidades se abrem quando se é grato pelas coisas como são neste momento. Isso não significa que você não tente mudá-las, mas não guardar rancor ou odiar cada minuto de seu dia no trabalho atual abre um caminho claro para bolar uma tática nova.

Ponto de Ação

Volte à lista. Escreva o nome de todas as pessoas que estão atrapalhando sua vida, mesmo que estejam fazendo por amor. Exemplo, uma das ervas daninhas mais difíceis de apontar pode ser seu cônjuge! Sabemos que é difícil admitir, mas, mesmo que seja seu cônjuge, existem maneiras de "arrancar" a negatividade ou a perspectiva de "erva daninha" que a pessoa esteja projetando, sem "eliminar" a própria. E mesmo se for seu cônjuge, escreva o nome dele(a). Em seguida, pratique o exercício de gratidão que mencionamos anteriormente. Vá em frente, escrevendo as qualidades dele(a) pelas quais é grato. Então pergunte-se: o que VOCÊ pode fazer de melhor para transformar essa situação em algo útil? Está fazendo promessas vazias? Está esperando negatividade das pessoas que colocou na lista? Mude a perspectiva para que consiga mudar a situação.

Se o chefe é um idiota, mas você não pode abandonar a carreira, assim como fizeram Jess e Ray, pense em maneiras de ganhar dinheiro extra para começar a se afastar da situação atual. Talvez esses ganhos extras sirvam para financiar aquele curso que está pensando em fazer ou para obter aquele diploma que sempre almejou. Construir um novo empreendimento aos poucos vai ajudá-lo a enxergar que essa fase não é para sempre. E saber que há uma luz no fim do túnel é o suficiente para colocá-lo no estado de espírito certo.

As "pessoas ervas daninhas" que você precisa arrancar da vida profissional podem não ser somente as que estão acima de você na hierarquia; podem ser seus próprios consumidores e clientes. Quando você está começando em um novo empreendimento, novo negócio ou uma nova posição, é importante certificar-se de que está cuidando de si. É tentador acolher qualquer consumidor, cliente ou parceiro quando está começando. Afinal, você precisa construir sua base, seu negócio e, também, sua conta bancária. Mas lembre-se, primeiro você precisa respeitar a si mesmo.

Uma das coisas ensinadas aos nossos alunos é que devem ser criteriosos com relação aos clientes. Você tem todo o direito de recusar um cliente ou de ser exigente com quem trabalha. Todos os nossos clientes são fantásticos porque estamos dispostos a ser seletivos. Você precisa fazer o mesmo e se livrar das pessoas que não são boas para o seu negócio. Elas também podem se tornar ervas daninhas, independentemente de quanto dinheiro tragam para o empreendimento.

Ray tinha uma "erva daninha" particularmente teimosa. E acabou agradecendo depois que foi "removida": "Tínhamos um cliente que comprou um de nossos programas mais exclusivos a um custo de US$ 50.000. Era muito dinheiro, mas acabamos devolvendo quase imediatamente. Ao vermos a maneira como ele nos tratou e à nossa equipe, percebi que nenhuma quantia valeria a pena a dor de cabeça e o estresse que esse cliente traria. Quando devolvi o dinheiro, esperava uma explosão, principalmente após ver seu comportamento. Em vez disso, me agradeceu. 'Quer saber?', disse. 'Sei que às vezes posso ser um pé no saco, mas ninguém nunca recusou meu dinheiro.' Na verdade, foi uma grande lição para ele, e até hoje temos um relacionamento com ele — mas não como cliente."

Passo 4: Não se desvalorize.

Saiba que você é digno de não ter que aturar as babaquices de ninguém. Não há quantia em dinheiro que valha sua alegria e sanidade. Conhecemos diversos empresários que violam essa crença; perseguem qualquer vantagem e trabalham com qualquer um que os aceite. Mas, em seguida, se perguntam por que estão sempre lutando para fazer os negócios crescerem. Muitas vezes, é porque se curvam para pessoas que não os valorizam. O que estão dizendo aos clientes, colegas, rivais e a todo o setor é: "Não sou digno de ter clientes que me respeitem". É aí que não respeitam mesmo.

Você pode nos dizer: "Mas estou tentando começar um negócio paralelo. Como faço para começar um empreendimento se estou recusando clientes, mesmo aqueles que são ruins?" Você pode não conseguir enxergar os sinais logo no início, mas sempre esteja disposto a dar um passo atrás para avaliar. Logo será capaz de identificar uma semente ruim a quilômetros de distância. Você sequer precisará arrancá-la. E nunca terá a chance de tornar uma erva daninha, porque não criará raízes.

O relacionamento mais importante é consigo mesmo. Você DEVE respeitar a si mesmo e a quem permite entrar em sua vida e em seus negócios. Não sabíamos que chegaríamos aonde chegamos. Apenas fomos arrancando as ervas daninhas ao longo do caminho. Assim, nos tornamos quem somos atualmente. Queremos que você comece seu negócio com a ideia de que será um sucesso. Quando você não se valoriza ou se valoriza demais, é difícil obter sucesso no que faz. Você não pode usar esta abordagem na vida e nos negócios: "Quando eu tiver muito dinheiro, aí sim vou poder escolher." Se é isso que você se propõe, nunca alcançará o sucesso que busca. Você ensina às pessoas como elas devem tratá-lo. Então, ao permitir que elas o maltratem, é você quem está tolerando. Em vez disso, posicione-se como alguém que pode recusar determinado tratamento e determinadas pessoas. Então você se tornará a pessoa, o negócio e o parceiro que deseja ser.

Isso afeta diretamente outro importante relacionamento em sua vida — o com seus clientes. Tínhamos a mentalidade do respeito próprio antes de ganhar milhões. E acho que esse é um dos motivos pelo qual atraímos as pessoas certas. Porque os clientes certos estão ansiosos para pagar por seu serviço. Eles não são céticos ou cínicos; estão ansiosos para dar mais dinheiro a você. Se aceitar clientes ou parceiros por desespero, se arrependerá depois. A longo prazo, vai prejudicá-lo mais do que ajudá-lo, porque esses tipos de pessoas — se não forem as certas, se forem clientes antiéticos ou simplesmente não se encaixarem na equipe — podem, em última análise, manchar sua reputação no negócio que você está tentando construir. Fique atento a essas ervas daninhas; são as mais difíceis de detectar.

> **Ponto de Ação**
>
> Se você tem clientes, amigos ou parceiros em sua vida que se encaixam nessa descrição, coloque-os na lista de ervas daninhas.

Deixamos o relacionamento mais complicado para o final: a família. Por mais difícil que seja dizer, muitas vezes as ervas daninhas de nossos alunos e pupilos são cônjuges ou familiares. Não esperamos que você se livre dessas pessoas maravilhosas da sua vida, mas simplesmente mude a forma como influenciam sua jornada para construir uma vida melhor.

Temos visto muitos cônjuges que não apoiam um ao outro quando estão começando algo novo. Entendemos que é difícil começar a fazer mudanças que podem exigir investimento em dinheiro, tempo ou recursos. Ou que podem afetar a família de outras maneiras. Muitas vezes, as pessoas estão sendo rejeitadas por um cônjuge ou um parente próximo não por desconfiança, mas por amor. Eles não acham que você vai conseguir. E nem que será capaz de fazer isso. Eles acham que você vai falhar, acabar na pior e ainda mais distante de sua meta. É difícil enfrentar alguém que ama e respeita. E é extremamente fácil colocar seus sonhos em modo de espera ao dizer: "Bem, meu marido..." ou "Bem, as crianças..." Arranque essa atitude, NÃO sua família. Não fique dependente do apoio deles sobre você ou seus sonhos. Esses são SEUS sonhos. VOCÊ é que precisa correr atrás deles.

A melhor maneira de fazer isso é mostrar para a família que você é uma pessoa bem-sucedida. Eles estão preocupados com o fato de que você possa falhar porque não se posiciona perante eles. Mostre que é capaz e que tem um plano. Mostre quem você realmente pode ser. Muitas pessoas nos procuraram após ter tido essa conversa, chocadas porque os cônjuges, a mãe ou a irmã, os apoiaram porque mostraram firmeza. Respeitaram-se o suficiente para terem essa conversa. E isso mudou seu relacionamento. Não faça suposições. Não dê desculpas. Apenas tenha a conversa. Às vezes, a barreira que o impede de começar sua aventura está apenas em sua mente.

Outro dia, Jess entrevistou uma mulher que tem sete filhos — e esse não é o fim da história. Wendy e o marido tiveram três filhos biológicos, mas queriam adotar. Após um longo processo, viajaram à África para visitar o jovem que esperavam trazer à família. Ao chegarem, souberam que ele tinha um irmão. Então Wendy e o marido decidiram adotar os dois meninos. Enquanto estavam lá, também se apaixonaram por uma menina com deficiência que usava cadeira de rodas. Eles a adotaram. Quando voltaram para os Estados Unidos, souberam que Wendy estava grávida do quarto filho! Eis uma mãe incrível que passou de mãe de três para sete quase da noite para o dia. E, além disso tudo, ela está em um dos cargos mais altos em sua empresa de marketing de rede. Todos os copos de Wendy estavam cheios, mas ela não usou a família como desculpa para não ir atrás do que queria na carreira. Ela ainda arrumava tempo para os negócios e para si mesma. E isso ajudava todos ao seu redor. Ela poderia ter encerrado seu negócio. Ninguém teria dito nada. Afinal, sete filhos não é brincadeira. Mas ela não deixou que as mudanças alterassem o que ela queria para si mesma.

Muitos usam a família como desculpa para não começarem algo novo. Eles dizem: "Bem, eu tinha grandes objetivos e, então, vieram as crianças". "Faz mais sentido que meu cônjuge trabalhe e eu cuide dos filhos." E dizem porque, infelizmente, é socialmente aceitável fazer isso, então podem se safar. Parece admirável, mas a verdade é que não é. Como seus filhos se sentem ao ouvirem esse tipo de coisa? Conhecemos muitas pessoas que conseguiram alcançar um sucesso tremendo e continuam sendo excelentes pais. Por que usar essa desculpa? Por que se apegar a isso? Se você está usando o relacionamento com sua família para se convencer de não seguir em frente com o que deseja, arranque essa erva daninha agora!

> **Ponto de Ação**
>
> Se você tem tais pensamentos e desculpas em sua cabeça, coloque o próprio nome e as palavras das quais está se alimentando na lista de ervas daninhas.

Passo 5: Analise seu processo.

Agora que você listou os elementos e as pessoas que estão atrapalhando sua vida, é hora de começar a olhar para como você realiza seu trabalho. Não apenas para onde gasta seu tempo.

Quando Ray começou a vender cursos sobre como se tornou tão bem-sucedido, passava a maior parte do tempo lidando com questões de suporte técnico. Ele promoveu e vendeu seu primeiro curso digital sobre negócios, mas parou rapidamente porque estava recebendo ligações sobre como fazer login, como reinicializar o computador e para verificar se seu cliente estava usando o sistema operacional correto. Isso, sim, é que são ervas daninhas.

Ray encontrou alguém que amava trabalhar com suporte ao cliente. Alguém que poderia lidar com todas essas perguntas, para que ele pudesse focar no crescimento da empresa para, assim, impactar e ajudar mais pessoas.

Após identificar onde o processo pode ficar mais concentrado em seu benefício, implemente esse plano. Não fique sobrecarregado. Não deixe de plantar seu jardim apenas porque você sabe que haverá ervas daninhas. Faça o trabalho. E colha as recompensas.

> **Ponto de Ação**
>
> Dê uma olhada em COMO você faz seu trabalho, seja qual for. Você está fazendo a mesma coisa por repetidas vezes, mesmo quando não precisa? Está respondendo às mesmas perguntas das mesmas pessoas? Como você pode agilizar o que já está fazendo? Quando liberar esse tempo, poderá investir em si mesmo. Trabalho, empreendimento paralelo, família ou hobbies. Pense em todas as ervas daninhas que podem surgir. Então tente antecipá-las antes mesmo de começar qualquer coisa.

Se você acabar trocando seu trabalho em tempo integral para trabalhar por conta própria, o maior conselho que damos neste capítulo é que você não deve sentir a necessidade de fazer tudo sozinho. Isso pode significar investir em um contador, especialista em produção, assistente, para ter a liberdade de realmente fazer o trabalho que deseja. Ser uma empresa unipessoal não é o objetivo do empreendedorismo; felizmente, existem especialistas que amam o que fazem. Assim, você pode confiar em seus pontos fortes para ter tempo e focar na construção do negócio. O objetivo aqui é criar uma vida melhor para você, sua família e comunidade. Não perca isso de vista em meio às ervas daninhas. Continue arrancando-as para conseguir ver o que plantou.

Outra coisa importante para lembrar é que não importa quão bem-sucedido você seja, sempre aparecerá uma nova erva daninha de vez em quando. Porém, quanto mais ervas daninhas arrancar, melhor ficará em identificá-las precocemente e em lidar de forma rápida e indolor. Como qualquer pessoa que já tenha removido ervas daninhas pode garantir, quanto maior for, mais profundas são as raízes e mais tempo leva para arrancá-las. Não desanime ao se conscientizar de que as ervas daninhas continuarão aparecendo. Permaneça em busca de novas maneiras para combatê-las. Como diz Tony Robbins: "Não é a falta de recursos, é sua falta de desenvoltura que o impede de seguir em frente". Portanto, seja engenhoso na remoção das ervas daninhas. A melhor coisa que pode fazer por si mesmo é encontrá-las e livrar-se delas, não importa quão grande ou pequeno seja seu empreendimento.

Passo 6: Identifique sua solução perfeita.

Agora você tem a lista de ervas daninhas que estão atrapalhando sua produção. Então é hora de começar a trabalhar exatamente na forma como vai arrancá-las. Queremos que pense em sua solução perfeita. Não uma que seja "apenas por enquanto". Se você odeia limpar a casa, a solução perfeita seria contratar uma equipe de limpeza para limpá-la toda semana. Se for gerenciar as finanças, a solução perfeita seria contratar um contador. Após descobrir a solução perfeita, procure o que seria necessário fazer para colocá-la em prática. Seja específico. Se não quer cozinhar todos os dias, podemos garantir a existência de um serviço que pode ajudá-lo. Não quer controlar as contas? Existem aplicativos e contadores para auxiliá-lo. Não quer gastar diversas horas tentando contratar a pessoa certa? Existem sites e pessoas que podem cooperar com isso também. Escreva exatamente o que você quer. Depois descubra como pode fazer acontecer.

Não se limite. Se está procurando uma babá, há uma pessoa ideal que também vai lavar a roupa e viajar com a família. Portanto, não escolha apenas uma solução porque pensa consigo mesmo: "Ah, será muito difícil arrancar as outras ervas daninhas." Você poderia arrancar todas de uma vez ao contratar uma pessoa ou um conceito. Não há mal nenhum em procurar a solução perfeita. Ela está em algum lugar lá fora. Você pode não entender de imediato qual é, mas não significa que não deva transformá-la em um objetivo.

Com a tecnologia atual, sites, serviços, produtos etc., é virtualmente impossível NÃO encontrar uma solução viável a um custo razoável. São tantas as opções ao nosso alcance que temos o luxo de escolher com base em qualidade, preço, atendimento ao cliente e local de fabricação, próprio país ou exterior. Muitas vezes, o serviço na entrega de refeições é ainda mais barato do que fazer todo o planejamento e as compras por conta própria! Não deixe a preocupação do preço ou da "falta de opções" o atrapalhar. Porque, simplesmente, essa é uma mentira que você diz a si mesmo.

Passo 7: Personalize sua execução para corresponder à solução perfeita.

Não pegue atalhos. Você nunca saberá o que pode estar perdendo. Ou o que poderia ser possível apenas se tentasse escolher a solução perfeita. Não escolha a opção mais barata porque acha ser a única que pode pagar. Se você optar pelo serviço de limpeza mais básico e barato, continuará lavando a louça, dobrando a roupa e trocando os lençóis. Mas, se subir apenas mais um nível, poderá ganhar ou investir muito mais em si mesmo com o tempo que estará economizando. E a melhor opção pode não ser muito mais cara.

Pense em uma família que está de férias. Após pagar pelas passagens de avião e pelo aluguel do carro, eles querem gastar o mínimo possível com hospedagem. Então escolhem um motel barato. Todos estão infelizes. Não tem piscina. As camas são desconfortáveis. Estão localizados bem na saída da rodovia. E à noite faz muito barulho. Mal sabem que poderiam ter gasto apenas 20% a mais em um hotel que fica na mesma rua, a poucos metros de distância — com piscina e um restaurante melhor, além de camas confortáveis — e que a experiência teria sido 100% melhor.

Eis outro exemplo: Ray paga um pouco mais à lavanderia para que as roupas sejam recolhidas e entregues em casa, porque não vale a pena, para ele, fazer essa viagem. O dinheiro ganhado no tempo economiza mais do que compensa a diferença.

Queremos que pratique a identificação de suas ervas daninhas e comece a arrancá-las desde cedo. Você as enxergará melhor quando forem pequenas e mais fáceis de descartar. Mas saiba que as ervas daninhas sempre estarão lá. É assim que são; faz parte do DNA. Elas surgirão e tenderão a assumir o controle quando você parar de dar atenção. Como qualquer pessoa que já trabalhou com jardinagem sabe, é muito mais fácil arrancá-las quando estão apenas brotando do que tentar arrancá-las com as duas mãos quando, de fato, criaram raízes.

Reflita sobre Jess com suas percepções de "maternidade perfeita". Embora tivesse todo o sucesso, teve que reconhecer e arrancar novas ervas daninhas após se tornar mãe. Quando começamos a atrair clientes maiores, tivemos a coragem de arrancar essas ervas daninhas. Mesmo se estavam rendendo comissões de cinco dígitos. Portanto, não negligencie as próprias ervas daninhas. Continue voltando à sua lista. Reavalie. E acrescente nela o que precisar.

REGRA Nº 3

REÚNA SEUS PORQUÊS E TRANSFORME-OS EM SUA VISÃO

Você começou bem. Preparou-se para fazer uma mudança na sua vida. E deu início ao processo de arrancar as ervas daninhas que o atrapalharão. Você está pronto para dar o próximo passo e conseguir o que mais deseja. Sabe o que é? Reflita sobre as seguintes questões com bastante cautela.

POR QUE você quer mais dinheiro, tempo ou liberdade? O que vai fazer com isso? Quem você quer ser? E como quer ser lembrado?

SEUS PORQUÊS E SUA VISÃO

Existe um ditado norte-americano conhecido que diz: "Você precisa ter um porquê que o faça chorar!" E estamos aqui para falar que isso é ótimo e importante. Mas, muitas vezes, não basta para você alcançar o desejado. É preciso ir mais fundo. Portanto, vamos começar a fazer agora.

Um porquê normalmente é descrito como o motivo por meio do qual você pode obter sucesso. Por exemplo, um motivo muito comum é "ajudar na aposentadoria do meu cônjuge" ou "mandar meus filhos para a faculdade". Seu porquê pode ser qualquer coisa que quiser: os motivos para viajar depois da aposentaria, a liberdade de doar um tempo para uma causa na qual acredita, a capacidade de ajudar os filhos a criar os próprios filhos ou simplesmente se tornar o próprio patrão assim que sair da faculdade. Mas porquê e visão são duas coisas muito diferentes. Neste capítulo, trabalharemos para que consiga ir de seu porquê à sua visão. Deixaremos de apenas listar as coisas que você quer fazer para se tornar a pessoa que faz essas coisas de maneira fácil, como parte de sua natureza. É a diferença entre fazer algo de bom e se tornar uma pessoa boa. Ou doar para caridade tornando-se uma pessoa caridosa. Pode parecer uma diferença muito pequena, mas é algo que terá um grande impacto em sua jornada.

Ponto de Ação

É importante se conscientizar de seu porquê e, em seguida, mergulhar em sua visão. Pare e pergunte-se: por que você quer mais? Por que comprou este livro? O que esperava realizar? Escreva isso agora. Depois continue voltando ao porquê à medida que você começa a se esforçar para ir atrás do que deseja. É importante não confundir seu porquê com sua visão.

Reúna Seus Porquês e Transforme-os em sua Visão

Um porquê geralmente é algo externo. Algo que vem de fora: "Quero construir poços de água no Quênia"; "Quero construir escolas na Guatemala"; "Quero matricular meus filhos em uma escola particular"; "Quero ajudar meu parceiro a se aposentar." Quando você declara qual é seu porquê, as pessoas ao seu redor geralmente o aplaudem, tendo uma opinião favorável. "Uau!" dirão, com tapinhas nas suas costas. "Nossa, é tão admirável que você queira dar a seu marido a liberdade de se aposentar." Enquanto isso, foi o pobre idiota que trabalhou duro nos últimos nove anos. Mas você veio com esse admirável porquê. E está recebendo os aplausos por isso, sem fazer acontecer, de fato. Portanto, ter um porquê não é suficiente. Afinal, diversas pessoas já tiveram um porquê impressionante e convincente durante um milhão de anos, mas nunca fizeram nada a respeito, embora pensem que o fizeram. Então você quer ajudar os sem-teto? Excelente. O que exatamente vai fazer para que aconteça? Você tem tempo em sua vida? Dinheiro extra para doar a um abrigo ou a um banco de alimentos? Se não tem, não está ajudando ninguém. O seu porquê não significa nada, a menos que se torne a pessoa capaz de transformar esse porquê em uma parte de quem você é.

Uma visão é quem você quer se tornar para realizar o porquê. Não é algo externo, portanto é interno. É mais sobre quem você é como pessoa do que simplesmente as ações que realiza. Não se trata apenas de ajudar alguém e, depois, seguir em frente com sua vida. Não se trata de pagar o financiamento da casa dos pais e, em seguida, voltar para a antiga vida. É sobre se tornar o tipo de pessoa que faz essas coisas. Quem você quer se tornar? Como quer ser reconhecido? O que quer que as pessoas digam a seu respeito? Você, com certeza, não consegue agradar a todos, entretanto, considerando as pessoas que você respeita, como gostaria que o descrevessem?

Você pode dizer, por exemplo: "Quero me tornar o tipo de pessoa que consegue proporcionar uma viagem a um lugar como a Disneylândia para crianças que moram em lares adotivos"; ou "Quero me tornar o tipo de pessoa que é convidada para falar em uma plateia e compartilhar minha história"; ou "Quero me tornar o tipo de pessoa que consegue ajudar o cônjuge a se aposentar". Essa é uma maneira diferente de enxergar as coisas. É mais do que escrever uma lista com itens de ação que gostaria de realizar. É uma visão de como é possível mudar, a fim de realizar tais coisas. A visão dialoga com quem você realmente deseja se tornar. Não é comercialmente tão aceitável como um porquê, significando que não é uma "razão" amplamente aceita para fazer as coisas, mas pode ser muito mais eficaz. Quando você se torna essa pessoa, pode incorporar todos os seus porquês.

CONSTRUINDO SUA VISÃO

Sua visão é apenas sua. E pode vir de qualquer lugar. O que o move? O que o motiva? O que você deseja? O que quer alcançar? Quem você quer ajudar? Que legado quer deixar? Para Ray, sua visão inicial tem origem na infância. Ele queria encontrar sua voz. Queria uma carreira onde pudesse ter voz, porque não teve quando era criança. Muitos de nós somos como Ray, pois tendemos a construir nossa visão com base nas feridas da infância.

A infância de Ray inspirou duas visões: "A primeira despertou o desejo de fazer mais coisas pelas crianças. Se você olhar para todas as instituições de caridade que estamos envolvidos, quase todas, de alguma forma, têm como foco as crianças, como a March of Dimes, a SWFL Children's Charities Inc. e a Operation Underground Railroad. A segunda visão era que eu queria ser ouvido, não importava o que fizesse. Ter uma visão forte mantém você no caminho certo e alinhado com o que ama. Sua visão dará a direção ao longo da jornada."

"Quando criança, se eu expressasse uma opinião sobre qualquer coisa, era punido. Mesmo se estivesse tentando expressar que estava com fome, dor, cansado, chateado, não importava. Lembro-me de uma vez que estava no carro com minha família, quando tinha por volta de 5 anos, e minha madrasta perguntou a todos se estávamos com fome. Meu pai disse: 'Eu comeria algo'; depois, minha meia-irmã disse: 'Eu também comeria'; então, naturalmente, eu disse em seguida: 'Eu também! Eu comeria algo!' Pensei que não havia dito nada de mais, mas minha madrasta odiava quando eu falava alto ou fora de hora. Então, quando chegamos em casa, ela me bateu como se não houvesse amanhã. Eu poderia ter me agarrado nessa dor pelo resto da vida. Poderia ter deixado essa dor controlar minha vida, minhas escolhas e a forma como eu olhava para mim mesmo. Mas não fiz isso. Descobri minha voz e estou determinado a usá-la enquanto puder."

"Qualquer pessoa que já passou por um trauma na vida pode transformá-lo em algo significativo. Não reprima sentimentos e lembranças ruins. Use isso para fazer a diferença em sua vida e na vida de outras pessoas. Você pode ajudar outras pessoas porque sabe exatamente o que passaram na vida."

Pense na mulher que passa por um divórcio terrível. Depois, torna-se uma coach motivacional, cujo foco é ajudar mulheres que passaram pela mesma situação. Ou em pessoas que sobreviveram aos abusos quando eram crianças e que geram outro fluxo de renda para que possam ter tempo de trabalhar como voluntárias em hospitais e abrigos. A empatia e compreensão que você pode trazer para essas pessoas é algo que aqueles que não passaram pelo que você passou jamais poderiam oferecer. E você pode ter sucesso ao fazer algo significativo para você.

> **Ponto de Ação**
>
> Pense no que deseja para sua vida. Pense no tipo de pessoa que quer se tornar. Escreva essas duas coisas antes de seguir para os passos seguintes. Queremos que você passe do seu porquê para uma visão, dando um passo de cada vez.

Passo 1: Faça a engenharia reversa de seu porquê.

Vamos supor que seu porquê seja construir poços de água no Quênia. Bem, não passará de um desejo até que defina como será o passo a passo. Você pode não ter absolutamente nenhuma ideia de como fará para descobrir quanto custa construir um poço de água em um país africano. Portanto, há vários próximos passos. Quem pode contatar? Quais são as despesas? Como pretende ir para lá? O que precisa fazer? Esse projeto exigirá a criação de um novo negócio ou é necessário adicionar horas extras no empreendimento atual? Por fim, pergunte-se: "Quem eu devo ser para conseguir realizar isso?" Organize seu porquê em detalhes. Em seguida, faça a engenharia reversa para descobrir quem você deve ser, o que deve ser feito e quem você deve se tornar para chegar lá.

Use sua visão em um sentido amplo para manter os olhos no prêmio. Mas, use-a, também, em seu dia a dia, para permanecer consistente com seus esforços. Ray sabia que queria estar em uma posição na qual poderia ajudar as pessoas, ter uma voz e fazer a diferença. Mas, para ser essa pessoa, sabia que primeiro precisava ser bem-sucedido em algo que desse mais dinheiro. E quando decidiu fazer um vídeo por dia, isso se tornou parte de sua visão.

Havia muitas pessoas perguntando sobre o processo e os métodos diários de funcionamento. Então ele percebeu que poderia ensinar o que estava fazendo. Compartilhar sua experiência e competência foi a melhor maneira de alcançar e ajudar o maior número possível de pessoas. Isso se tornou nosso negócio. E esse negócio de ajudar as pessoas decolou. Então agora podemos ajudar diversas pessoas de muitas maneiras. Ray cumpriu o porquê ao permanecer fiel à visão. Ele se tornou o tipo de pessoa com amplitude, alcance e influência para ajudar centenas de milhares de pessoas no que faz todos os dias. Isso nos trouxe o sucesso que temos hoje.

Suponhamos que seu motivo seja: "Quero ajudar mulheres vítimas de abuso". Portanto, o passo seguinte é fazer a engenharia reversa. O que implica? De quais recursos você precisa? Como vai implementar? Agora dê um passo para trás e pergunte-se: "Quem eu preciso me tornar para que isso aconteça?"

Bem, você precisaria ficar frente a frente com mulheres que sofreram abuso, certo? Precisaria compartilhar sua história para ajudá-las e apoiá-las. Você pode dar treinamento para entrevistas de trabalho ou ajudá-las a escolher o que vestir. De quanto tempo precisa? Que tipo de recursos você forneceria a essas mulheres? Como ponto de partida, vamos começar com uma ideia simples, gratuita e acessível: gravar e postar vídeos sobre sua experiência, compartilhando falas de conselhos e instruções. Assim, talvez possa se tornar a pessoa que ajuda as mulheres morando em abrigos a elaborar currículos e a se preparar para entrevistas de emprego. Os clientes pagantes ajudarão a apoiar seus esforços nesse local. Para construir seu negócio, fazê-lo crescer e torná-lo sustentável, você pode ministrar seminários e palestras para adolescentes e jovens em faculdades e escolas públicas. Eles oferecem a exposição necessária para expandir o alcance de seus vídeos instrucionais. E você pode elaborar um curso para atender à demanda. Agora, você não apenas pode ensinar suas habilidades em abrigos da área, como também realizar doações.

Ou talvez se torne estilista, fazendo vídeos para mulheres que têm um orçamento apertado ou trabalham com itens de brechó sobre como se vestir em diferentes tipos de entrevistas. À medida que a visualização dos vídeos aumenta, você começa a utilizá-los em seminários e cursos. Quanto mais influência passa a exercer, e mais contatos faz, mais clientes pagantes e contatos ajudarão você a ter acesso às roupas repassadas para as mulheres que precisam, mas não podem pagar.

Você pode começar, também, gravando vídeos sobre o que fazer em meio a uma crise. E como construir uma carreira de palestrante e coach motivacional, o que dará dinheiro e influência para retribuir financeiramente. Qualquer que seja a progressão, é você quem tem que fazer o trabalho. Pense no processo: "Bem, eu teria que começar a ensinar as pessoas que quero ajudar e a obter resultados por meio disso. Mas como eu faria? Teria que começar a fazer propaganda do trabalho, gravar vídeos para me apresentar às pessoas, organizar eventos de palestras ou, ainda, elaborar um curso." Você não pode simplesmente dizer o que quer fazer. Precisa descobrir de verdade o que seu porquê implicará. Em seguida, construa o caminho inverso para trabalhar a partir dele.

> **Ponto de Ação**
>
> Pense em como sua visão está ligada ao seu porquê. Quem você precisa se tornar para fazer o porquê acontecer? Faça a engenharia reversa dos passos. O que você deve fazer para realizar cada um? Quais recursos são necessários? O que consegue fazer sozinho? Por quais mudanças precisa passar para concluir cada passo? Observe atentamente como você muda a percepção do porquê e de si mesmo ao escrever na lista.

Passo 2: Comece aos poucos e cresça.

Quando Jess elaborou a visão pela primeira vez, tinha 21 anos: "Quando comecei, era muito jovem e não acreditei que poderia ter uma visão superforte. Realmente não acreditava que milhares de pessoas viriam aos eventos para nos assistir. Ou que nossos cursos ficariam conhecidos como são hoje. Ou, ainda, que assinaríamos o contrato de um livro sobre como ensinamos as outras pessoas a fazer o que fizemos. O que conseguia visualizar era uma casa confortável e nenhuma preocupação com relação a dinheiro. Visualizava-me no estilo de roupa que queria vestir e nas características que queria ter — mulher de negócios superelegante e bem-sucedida. Essa foi minha visão inicial."

"Essas foram as visualizações que coloquei na mente. Se eu fosse uma pessoa bem-sucedida, como agiria? O que eu faria? Durante todo o tempo, ainda não conseguia ter uma visão ampla de mim mesma impactando milhões de pessoas. Quando comecei, não consegui me identificar com isso logo de cara. E você pode não conseguir ter a visão ampla de si mesmo ainda. Mas saiba que suas visões mudam conforme você cresce."

A visão inicial de Jess não foi a visão final de si mesma. Ela teve uma primeira visão, depois definiu uma mais ampla. Suas visões evoluíram e cresceram conforme ela alcançava maior sucesso, a fim de se encaixarem na situação que se encontrava em sua vida na época.

Você também pode fazer isso. Pode começar com esta visão: "Quero conseguir criar meus filhos em casa e não precisar colocá-los na creche." Deixe esse porquê crescer e mudar à medida que você cresce e muda também. Depois de esse porquê se tornar realidade, não pare. Sua visão pode ser tornar-se o tipo de pessoa que pode viajar com a família nas férias de verão. Ou o tipo de pessoa que pode acolher filhos adotivos. Ou, ainda, o tipo de pessoa que pode pagar uma casa na praia. Comece com algo realista. E cresça a partir daí.

Recentemente, criamos um reality show, *Play to Win*, que desafia os empreendedores a enfrentarem e superarem seus bloqueios de mentalidade e medos que os impedem de alcançar o sucesso. Jennifer foi uma das concorrentes. Ela se tornou mãe aos dezoito anos. Houve períodos em que não tinha um lugar para morar. Então precisou encontrar abrigo, onde quer que fosse. Assim que conseguiu, Jennifer entrou na faculdade. E começou a se sustentar por meio de seu trabalho com marketing de rede. Mas, assim como Ray, Jennifer era uma sobrevivente de abuso infantil. Não tinha confiança em si mesma. Essa falta de convicção apareceu em outras áreas da vida também. O marido não acreditava que o marketing de rede pudesse fazer diferença em suas vidas. E não ter esse apoio dentro e fora de casa estava prejudicando seu negócio e sua autoestima.

Jennifer estava vivendo, trabalhando e encarando a vida como se não tivesse nada. Como se não fosse nada. Ela tinha uma mentalidade assustadora sobre o próprio valor. E somente após elaborar sua visão foi capaz de superar o que a estava impedindo de ter sucesso.

O seu porquê inicial era sobre os filhos. Ela queria conseguir dar uma vida melhor. Queria se sentir confiante. E passar essa confiança para eles à medida que amadurecessem. Então ela começou a investir em si mesma. Começou a se sentir digna do negócio que construiu. E começou a enxergar seu verdadeiro sucesso. Conforme aumentava, as visões começaram a ficar cada vez maiores. Essa mulher que, certa vez, disse "Não tenho confiança" abraçou uma carreira de coaching sobre mindset e como expandir os negócios. Está compartilhando sua escrita e sabedoria ao redor do mundo, enquanto a equipe de marketing de rede aumenta e ela assume um papel de liderança. Jennifer também está escrevendo um livro sobre sua jornada. E essa mulher que já foi extremamente tímida está correndo atrás do objetivo final: compartilhar sua história em cima de um palco na frente de milhares de pessoas.

"O que eu não sabia é que não apenas meu negócio mudaria, como também minha vida inteira seria impactada", disse Jennifer. "Cresci em todas as áreas de minha vida. Ao arrancar minhas ervas daninhas e concentrar em minha visão, estou removendo as camadas de culpa, de não me achar digna de merecer algo bom, da falta de confiança — e lentamente me tornando eu mesma. Minha vida inteira mudou."

Agora Jennifer pode mudar a visão com base em seu novo senso de identidade. Ela superou os problemas de confiança para definir novas metas à si mesma e estabelecer visões completamente novas. E fez o trabalho, sendo capaz de avançar para conquistar coisas maiores e melhores.

Passo 3: Encontre sua plataforma.

O próximo passo é encontrar a plataforma mais fácil — a fruta mais fácil de alcançar na árvore — para chegar aonde deseja. Uma plataforma é um meio ou um produto pelo qual se está ganhando dinheiro. São vendas? Coaching? Marketing? Ensino?

Para Jess (e muitas pessoas), as vendas eram a plataforma certa. E para você? Existe algo pelo qual é apaixonado e poderia vender? O condicionamento físico mudou sua vida e você quer fazer disso parte do negócio? Ou quando se tornou mãe ou pai, havia um produto ou um serviço que simplesmente não conseguia viver sem e pode comercializar para benefício próprio? Ou um hobby que você adora e conhece bem? Após decidir que atingirá seus objetivos assim, o próximo passo é se tornar a pessoa com tais características. Como essa pessoa se veste, fala e se apresenta pessoal e virtualmente? Você não pode simplesmente andar por aí todo arrumado sem saber o que está vendendo ou o que fará, com uma atitude de "Sim, sou bem-sucedido", mas não ter ideia de como, de fato, fazer se tornar realidade. Após saber quem deve ser, encontre o caminho para se tornar essa pessoa em todos os aspectos, estados e formas, tanto em substância quanto em estilo.

No mundo atual e mercado global, você não tem desculpa para não começar a vender algo assim que terminar a leitura deste capítulo. Existe o Facebook Marketplace, o Etsy, a Amazon e muitas opções de baixo risco, como o marketing de rede. Basta começar. E veja no que vai dar. Use o Facebook para promover sua loja no Etsy. Ofereça parcerias com lojas locais para vender os produtos. E experimente tudo e qualquer coisa na venda deles. Então siga em frente com seu negócio.

Tyla sabia que poderia adquirir qualquer coisa do exterior. E fazer isso com uma qualidade mais alta do que qualquer outra pessoa. Ela havia inventado e fabricado produtos no passado, criado uma patente, negociado o protótipo e os pedidos por atacado, assim como os produtos. De repente, os amigos começaram a perguntar como ela fazia aquilo. E, até que começamos a trabalhar juntos, não tinha ocorrido a ideia de que ela poderia pegar esse conhecimento e transformá-lo em um negócio lucrativo. A paixão se transformou na terceirização de OUTRAS pessoas que tinham ideias para invenções ou precisavam de ajuda para criar belas mercadorias. E está trabalhando, também, na parte de consultoria de seu negócio, como uma fonte de renda extra! O porquê de Tyla, junto com o marido, Jeff, era ter uma grande propriedade com muitos hectares para plantar uma horta orgânica. Eles fizeram a engenharia reversa de como deveriam fazer isso, quem deveriam se tornar e quanto deveriam ganhar. Hoje, os dois têm uma bela propriedade, com um enorme jardim do qual colhem comida todos os dias. E levaram apenas um ano e meio para fazer acontecer!

Ponto de Ação

Pense em pelo menos cinco plataformas que você poderia usar para começar a se mover em direção à sua visão neste momento. Nenhuma ideia é muito grande ou muito pequena. Mas certifique-se de incluir algumas "frutas ao alcance da mão". Assim você tem uma ideia de que pode ter acesso e agir imediatamente. Não continue a leitura até ter realizado.

Passo 4: Dê o salto!

Este livro não é sobre mudar sua vida em um dia. Não queremos que você saia do trabalho de período integral. Não queremos que mexa nas finanças. Mas precisa dar o primeiro passo, não importa quão pequeno seja. *Não* queremos que planeje a saída do progresso real. Vemos muitas pessoas caírem nessa armadilha. Planejam, pesquisam e planejam, mas nunca entram, de fato, em *ação*. É muito bom ter um plano — você precisa de algum tipo de base antes de começar —, mas não deixe o planejamento se tornar uma desculpa para não dar o primeiro passo.

Você tem o porquê e a visão. E, também, as ideias para sua plataforma. Então é hora de colocar as ideias em ação. Você não precisa desistir da vida, do trabalho em tempo integral e do salário para dar um primeiro passo. Não precisa ter um plano completo e ultradetalhado antes do primeiro dia em seu novo empreendimento. Apenas precisa começar. Faça alguma coisa. Analise o que funciona e o que não funciona. Desenvolva o que está funcionando, depois continue tentando coisas novas. Você está iniciando pequeno e mantendo o fluxo de renda atual intacto. Portanto, a ideia de tropeçar no início é aceitável. E não é o fim do mundo.

Apenas pratique o ofício todos os dias. Comece a adquirir o hábito de perseguir sua visão como parte da rotina. Algumas pessoas configuram as lojas, publicam nos sites e param por aí. Não seja essa pessoa. Após estabelecer a visão, tome posse. E entre de cabeça. Que tipo de pessoa sairia e acabaria abrindo o próprio negócio? A pessoa que não tem medo de cometer um erro e apenas dar o primeiro passo. Seja esta pessoa.

Assim que terminar de ler este livro, queremos que você encontre algo para vender ou fornecer a alguém. Se ama cães, inaugure um serviço de passeio. Se adora tricotar, venda os produtos em lojas onlines e locais. Se adora ensinar, inicie um negócio de aulas particulares. Não fique apenas planejando o que precisa fazer, mas comece logo. Considere-se oficialmente sem desculpas.

> **Ponto de Ação**
>
> Mantenha um diário com todos os passos que você está realizando. E certifique-se de aprender com os erros e acertos. Escreva uma coisa que pode fazer por dia para deixá-lo mais próximo de sua visão. Comemore os sucessos mantendo-a em mente. É fácil desviar quando começa a entender as coisas. Então verifique se ainda está trabalhando na direção de uma visão na qual acredita. Uma boa maneira de fazer isso é escrevê-la no início de cada registro no diário. Vê-la todos os dias o ajudará a se manter no caminho certo. Por exemplo, caso seja proporcionar uma vida melhor para os filhos, e parte dos esforços é se afastar deles mais do que gostaria, você pode querer reavaliar os passos.

Passo 5: Deixe sua visão evoluir.

Ray teve vários empreendimentos fracassados até se tornar um empresário, incluindo uma empresa imobiliária falida e uma franquia de publicidade fracassada na qual investiu US$40 mil para abrir. Ele estava com um milhão de dólares em dívidas. E com a casa em execução hipotecária. "Me sentia um perdedor e estava muito deprimido. Pior do que estar falido é ter feito algum dinheiro e, ENTÃO, ficar falido. Se você está acostumado a comer miojo barato o tempo todo, não sentirá diferença se continuar a comê-lo, mas, se provou filé, gostou e, DEPOIS, se viu de volta ao miojo, pode ser bastante deprimente. Quando o dinheiro acabava, era difícil não pensar em todas as vezes que estava fluindo facilmente. Minha primeira visão honesta foi poder levar minha então namorada — agora linda e incrível esposa, Jéssica — para jantar. Eu queria sempre poder levá-la no restaurante que quisesse ir. Porque eu não podia fazer isso naquela época."

Assim que Ray atingiu essa visão, evoluiu para uma diferente. "Por fim, a minha nova visão era começar a sentir que estava fazendo a diferença. Antes de deitar minha cabeça no travesseiro todas as noites, queria que alguém me agradecesse. Acho que persegui esse sentimento de querer alcançar significado na vida porque nunca realmente o tive. Queria que minha vida significasse algo para os outros. Queria pegar a dor que experimentei ao longo dessa vida toda e usar como exemplo do que alguém PODERIA fazer, independentemente da educação ou dos obstáculos que enfrentou." Ray detalhou o processo ao se perguntar: "Como eu poderia fazer acontecer?" Por fim, cheguei à conclusão de que poderia ajudar outras pessoas a resolver os problemas *delas*. "Se eu começar a gravar vídeos para falar sobre alguns dos problemas que todas as pessoas têm, talvez comece a fazer com que, de fato, apreciem o que estou fazendo. Eu deveria me sentir melhor comigo mesmo. Isso deveria, de fato, funcionar. Então comecei a ganhar novas perspectivas. Bem, acabei de ganhar US$10 mil em um mês. E se eu conseguisse ajudar as pessoas a resolver problemas, e isso me ajudasse a ganhar US$30 mil por mês, e assim por diante?"

Digamos que queira começar uma atividade secundária para ganhar US$300 extras por mês para ajudar a pagar um carro. Isso é ótimo. E se você trabalhasse um pouco *mais* para pagar o gás? Que tal o suficiente para pagar o seguro do carro? Em pouco tempo, sentirá o impacto de ter trabalhado para aliviar esse fardo financeiro. E se sentirá muito bem consigo mesmo. Se ama os animais e decide se tornar voluntário no abrigo de animais do bairro, isso é incrível. Porque cada pequena ajuda conta. Permita-se ter a visão mais ampla. Se você fosse compartilhar com as pessoas à sua volta o que faz para ajudar o abrigo, pense em quantos animais a mais conseguiria ajudar por ter aumentado a conscientização. Talvez surgissem mais voluntários ou doadores para ajudar a apoiar financeiramente o abrigo.

Você deve estar enxergando o padrão neste momento. Ao atingir os objetivos, perceba que a visão pode ser muito maior do que aquilo imaginado no início. Não tenha medo de deixar sua visão crescer!

REGRA Nº 4

MUDE SUA RELAÇÃO COM O DINHEIRO

Religião. Política. Dinheiro. Três coisas sobre as quais não temos "permissão" para falar. Podemos entender as duas primeiras. Tudo bem. Mas e dinheiro? Parece loucura evitar esse assunto, pois é algo muito essencial sobre como e onde vivemos, o que comemos, como criamos nossos filhos, como recebemos tratamento médico e como retribuímos para nossas comunidades. Às vezes, sequer podemos mencionar em nossa própria casa, com os filhos ou nem mesmo com os cônjuges. Mas se não nos sentimos confortáveis para falar sobre dinheiro, como nos sentiremos confortáveis em usar, alavancar, investir, doar e ganhar muito (muito mesmo) dinheiro?

Neste capítulo, vamos desmascarar os mitos sobre como ganhamos o dinheiro que desejamos. E por quê. Vamos falar sobre ter as conversas difíceis a respeito de dinheiro na própria casa. E, por fim, vamos ajudá-lo a se sentir confortável para gastar dinheiro, investir no próprio negócio e atingir as metas financeiras que estabeleceu para si mesmo. Prepare-se para mudar seu relacionamento com o dinheiro que você ganha. Desde como ganhar, aprender a quando gastar, quanto investir até como doar com confiança.

O dinheiro não é a raiz de todos os males. Na verdade, das algumas maneiras que explicaremos mais tarde — conforme escreveu George Bernard Shaw —, a falta de dinheiro é a raiz de todos os males. Querer ganhar dinheiro não faz de você uma pessoa gananciosa. Ter muito dinheiro não faz de você um vilão. O dinheiro permite viver a vida que deseja. E, também, que ajude a sua comunidade. Não precisa ser oito ou oitenta. O dinheiro proporciona liberdade. É hora de começar a falar sobre como ele faz isso.

Passo 1: Observe como o dinheiro faz você se sentir.

Quando toca no assunto dinheiro, como se sente? Você se sente feliz? Ou fica chateado e frustrado? Reflita profundamente para descobrir como realmente se sente em relação ao dinheiro antes de seguir para o próximo passo.

Quando nos casamos, o tema dinheiro era uma mina terrestre. Ray estava (e ainda está) muito focado em investir, crescer e gastar. Não de maneira leviana, mas para fazer bom uso. Jess estava muito focada na economia, proteção oferecida e sensação de segurança. Algumas vezes, Jess dizia para Ray: "Estou ficando um pouco nervosa porque o dinheiro em nossa conta bancária está acabando". Ray diria "tudo bem". Mas também interpretaria esses comentários como um ataque pessoal, como se não estivesse trabalhando duro o suficiente. Jess não tinha ideia de que os comentários sobre a conta que mantinham as economias o magoavam tanto. As reações dele com relação a isso a surpreenderam e a irritaram.

Nós brigávamos sempre que o assunto surgia. Depois, passávamos dias sem nos falarmos. Em seguida, havia uma reconciliação silenciosa. Até o tema surgir novamente. Um círculo vicioso. Estávamos tendo a mesma briga repetidas vezes. E não chegávamos a nenhum lugar. Continuaríamos brigando sem termos uma solução. Jess diria: "Ei, mas você não quer ser realista? Essa é a realidade." Ray rebateria: "Bem, você não está vendo as coisas com clareza, não está analisando o panorama geral." O tempo todo, não estávamos ouvindo efetivamente o que o outro tentava dizer. Enquanto Jess dizia "Ei, não gaste tanto dinheiro", Ray ouvia "Ei, precisamos ganhar mais dinheiro". Então, Ray ficava em silêncio, entrando em um modo de trabalho extremo, na tentativa de acalmá-la. Seu silêncio não significava raiva, mas vergonha. Porém, para Jess, parecia que Ray estava ficando bravo por falar em dinheiro. Ela se sentia frustrada por não poder abordar um assunto tão essencial na vida deles. E ele estava simplesmente ignorando a realidade.

Não conseguíamos reconhecer que estávamos totalmente perdidos na interpretação da fala de cada um. Então os dias correram e as coisas só pioravam. Não conseguiríamos resolver o problema até que enxergássemos por que estávamos brigando daquela maneira. Por que Jess estava tão focada em economizar e era totalmente contra gastar dinheiro? Por que Ray ficou tão chateado quando Jess tentou falar sobre as economias da família? Tivemos que tentar responder a essas perguntas antes de conseguirmos dar o passo seguinte.

Certo dia, após mais um período de silêncio, Ray se abriu e disse: "Sabe, quando você diz que temos que economizar ou que não podemos gastar esse dinheiro agora, sinto que não sou homem, que não estou fazendo meu papel de homem". Para Jess, foi um choque ouvir isso. Sua resposta foi: "Ah, meu Deus, não tinha ideia de que era assim que você interpretava quando eu falava sobre dinheiro. Apenas pensei que você estivesse sendo babaca."

Esse foi o momento no qual finalmente descobrimos de onde estavam vindo tais interpretações. E o porquê. Ray foi o primeiro a falar.

"Nunca me ensinaram nada sobre dinheiro. Mas não acho que tenha a ver com o papel. É sobre o que representa. Quando eu era criança, sentia-me preso e não era ouvido. Eu não conseguia ter uma opinião; sempre me disseram para calar a boca. Não importava se estava com fome, assustado ou cansado; não queriam ouvir nada do que eu tinha a falar. Crescer sem voz é um dos principais motivos pelos quais escolhi essa carreira. Posso usar minha voz para causar algum impacto, o que é uma das coisas mais importantes de minha vida. A outra prioridade é ganhar e manter a liberdade individual. Não quero me sentir desamparado. Nem ficar à mercê de outra pessoa; seja um membro da família que me emprestou dinheiro, um banco ou mesmo um empregador que controla as horas de trabalho e o dinheiro que ganho.

"Então, quando você diz 'Não gaste dinheiro naquele curso, naquela sessão de coaching ou naquele seminário', sinto que é um ataque às minhas duas principais prioridades: conseguir causar um impacto em nossas vidas por meio desses investimentos; e minha liberdade individual de fazer essas escolhas por nossa família. Quando fala sobre conter gastos, é um gatilho imediato e bastante intenso para mim. Sei que analisa minha reação e pensa: 'Estamos falando sobre dinheiro e ele está tendo um ataque.' Sei que não faz sentido para você. Mas é daí que vem minha interpretação."

Para Jess, dinheiro sempre significou segurança. Quanto mais os dois tinham, mais segura ela se sentia. A inquietação em relação a gastar — ou mesmo investir — também vinha da infância: "Minha mãe era uma mãe solteira que vivia com muito conforto quando eu era pequena. Ela não era super-rica, mas nossa vida era confortável. Sempre tivemos um teto sobre nossas cabeças, comida na mesa e um carro para nos levar aonde quiséssemos. Então, quando tinha por volta de onze anos, perdemos tudo, inclusive a renda da minha mãe e a casa. Chegamos a morar em carros, hotéis e motéis. Estávamos sempre mudando de apartamento. Passei por tudo isso com ela. E observei-a passar por isso sozinha. Passamos por muitas dificuldades durante anos. Por outro lado, meu pai era rico. Sempre dizia: 'Economize seu dinheiro! Economize seu dinheiro!' E isso ficou gravado em minha mente. Quando você quer gastar quase todas as economias, é um gatilho muito forte para mim. Nunca mais quero passar por isso em minha vida e não quero que nossos filhos passem também."

Quando nos abrimos, finalmente tivemos aquela conversa sobre como nos sentíamos em relação ao dinheiro, em vez de culpar um ao outro para decidir quem estava certo e errado, conseguimos colocar as atitudes e palavras em perspectiva. Juntos, elaboramos um plano: decidimos quais metas Jess precisava atingir para se sentir segura e alocamos dinheiro para que Ray fizesse investimentos no negócio e em nossas carreiras. Colocamos tudo na mesa, tendo conversas difíceis. Então elaboramos esse plano. E o usamos até hoje.

Jess organizou uma conferência virtual para falar sobre a mentalidade em relação ao dinheiro. E entrevistou algumas das melhores mentes da atualidade na área de negócios para descobrir como essas pessoas encaravam o tema dinheiro. "Você ficaria surpreso com quantas pessoas bem-sucedidas, em um primeiro momento, viram o dinheiro como algo medonho ou ruim. Elas precisaram reconhecer e mudar esse padrão de pensamento para que começassem a trazer abundância e mais dinheiro para suas vidas." A opinião de Les Brown durante a conferência foi "você nunca vai ganhar mais do que você acha que merece!" Em outras palavras, quanto mais cedo perceber que o que o impede de ganhar mais dinheiro é unicamente VOCÊ e as crenças que carrega, então mais rápido o dinheiro chegará até você.

Agora é sua vez. Pense nas conversas tidas sobre dinheiro com o cônjuge, a família ou mesmo o parceiro de negócios. Você está constantemente discutindo se gasta dinheiro e quanto gasta? Seu parceiro acha que deposita muita fé nos investimentos? Ou você tem medo de que não deem o retorno esperado? Está sempre de olho nas economias? Em caso afirmativo, é hora de analisar suas atitudes cuidadosamente.

Ponto de Ação

Anote o PRIMEIRO pensamento que vem à cabeça ao ouvir a palavra "dinheiro". Dica: seja honesto consigo mesmo! Anote o PRIMEIRO pensamento, não aquilo que acha que deveria pensar. Isso vai revelar muito sobre seus sistemas de crenças. E reconhecê-los é um passo importante para ajudar a mudá-los.

Passo 2: Comunique-se com seu cônjuge ou parceiro.

Fale com o cônjuge ou parceiro sobre como se sente em relação ao dinheiro. O esperado que faça por você e como quer usá-lo para atingir objetivos. Até saber como o dinheiro faz você se sentir e qual papel quer que ele desempenhe em sua vida e carreira, não será capaz de aproveitá-lo para alcançar o que deseja. E se não tem alguém que desempenhe tal papel em sua vida, recomendamos que tenha essas conversas consigo mesmo. Escreva as respostas; registrar no diário é uma ótima maneira de expressão.

Ponto de Ação

Inicie a conversa com seu cônjuge sobre dinheiro. Eis algumas diretrizes para ajudá-lo nesse processo:

Por que a opinião/validação do cônjuge é importante

+

Como VOCÊ se sente em relação ao dinheiro

+

Em que ponto está tendo dificuldades no relacionamento

+

Peça ajuda ao cônjuge

É muito importante validar os sentimentos do cônjuge sobre qualquer assunto, não apenas dinheiro, para a pessoa saber que está sendo ouvida. Pense nisso: se seu cônjuge vier até você dizendo: "Essas crenças que tem sobre dinheiro estão todas erradas e são os motivos pelos quais você é um perfeito idiota a respeito disso", é provável que não esteja tão aberto a ouvir as ideias. No entanto, se começar pela validação, toda conversa se tornará aberta a possibilidades em vez de um jogo de culpa constante. Eis um exemplo:

"Querida, antes de mais nada, quero que saiba que a **ouço** e entendo por que você acredita que deveríamos economizar cada centavo. **Admiro** sua capacidade de economizar dinheiro. E, às vezes, gostaria de ser um pouco mais assim (por que a opinião/validação do cônjuge é importante). **Pessoalmente, acredito que dinheiro** é basicamente energia e valor. Quanto mais girarmos e fizermos bom uso dele, mais ganhamos (como VOCÊ se sente em relação ao dinheiro). Meu problema é que quero fazê-la feliz, **mas sinto** que sempre quando quero fazer bom uso do nosso dinheiro, percebo a resistência e o ressentimento. Eu sinto que estou de mãos atadas. Honestamente, também sinto que não posso fazer o papel de homem e cuidar de você como deveria (em que ponto está tendo dificuldades no relacionamento). Acho que o que estou querendo dizer é que **preciso de sua ajuda**. Então como posso fazer você se sentir bem e ainda conseguir alguma abertura para ser um pouco mais flexível com relação a nossos gastos (peça ajuda ao cônjuge)?"

Passo 3: Faça um planejamento financeiro.

Não estamos falando apenas de elaborar um orçamento ou iniciar um fundo de aposentadoria. É sobre planejar como quer que seu dinheiro trabalhe para você. Pode ser a combinação de um orçamento com uma estratégia para ganhar mais do que a quantia proposta nesse valor que precisa investir em um curso desejado. Pode ser, também, uma maneira de você e seu cônjuge chegarem à mesma conclusão sobre quanto querem economizar por mês. O único requisito para esse planejamento é contemplar a forma como se você sente e quais são os objetivos em relação ao dinheiro. Deve ser um planejamento compatível com a realidade enquanto tenta alcançar as metas.

Peça ajuda a um especialista. A princípio você pode não se sentir confortável com a ideia, mas vale a pena procurar ajuda profissional se puder. Alguém em quem confie e não cobre uma taxa cada vez que investir seu dinheiro, mas uma porcentagem do todo, para que esse profissional adquira interesse no aumento de sua riqueza. Um bom consultor financeiro não analisará somente os objetivos com relação aos negócios e à aposentadoria, mas também analisará seus objetivos pessoais e os incorporará no planejamento.

Ponto de Ação

Depois que você e seu cônjuge estiverem em concordância, comece a pesquisar um planejamento financeiro que funcione da melhor maneira para ambos. Então procure um especialista. (Caso esteja lidando com isso sozinho, não precisa se relacionar com ninguém além de você mesmo. Apenas certifique-se de identificar o problema com relação ao dinheiro e o que espera de um planejamento financeiro.) Eis algumas coisas de que precisa saber antes de marcar a reunião com o especialista:

- Quanto ganha por mês?
- Quanto gasta por mês?
- Quanto gostaria de investir por mês?
- Com que idade gostaria de se aposentar?
- Quais são os objetivos de aposentadoria?

> Casa própria?
>
> Viagens?
>
> Caridade?
>
> Filhos? (O que deseja deixar para os filhos?)
>
> Outros?

Passo 4: Trabalhe a sua mentalidade com relação ao dinheiro de maneira constante.

Após uma conversa com seu parceiro e uma reunião com um consultor financeiro, não pare por aí. Nem pense que acabou. Queremos que você faça cursos, participe de seminários, aprenda com as pessoas e observe o que fazem para alcançar os próprios objetivos. Examine quem têm a riqueza e o estilo de vida que deseja. O que você pode aprender com elas? Trabalhe constantemente a relação com o dinheiro. E, também, como pode melhorar o que faz e como pensa sobre o assunto. Assim, comece a sentir que é fácil ganhar dinheiro. E essa é uma parte positiva de sua vida e que não é a raiz de todos os males.

Temos visto muitas pessoas levarem essa lição a sério. Mas há uma em específico na qual constatamos uma mudança notável. A

Rena estava tão concentrada em pagar as contas, economizando qualquer ganho extra e certificando-se de que ela e o marido, Avi, tivessem o suficiente para sobreviver, que não percebeu como isso afetava o casamento e a renda. Após se conhecerem, em 2006, Rena e Avi tiveram um relacionamento turbulento. Enquanto namoravam, Avi sempre foi muito generoso. Ele levava Rena para jantar fora. E insistia que pedisse o que quisesse. Mas isso sempre a deixava nervosa. Ela pedia frango mesmo quando ele insistia que pedisse lagosta. Ele não entendia. Avi tinha um bom emprego, por que não deveriam aproveitar o dinheiro que ele estava ganhando?

Depois do casamento, as diferenças de mentalidade com respeito a dinheiro começaram a afetar o relacionamento, de maneira similar àquilo que nós mesmos passamos. Avi era o tipo de pessoa que iria ao supermercado mais chique e gastaria US$100, enquanto Rena era a pessoa que sabia que conseguiriam comprar a mesma quantidade de comida em outro supermercado por menos da metade do valor. Avi esbanjava dinheiro em jantares para os amigos. Em oposição, Rena era hesitante em gastar, até olhava cada etiqueta de preço. O conflito estava no fato de que os dois não se comunicavam.

Por meses, Rena ficou angustiada, pensando se deveria investir em um dia de treinamento VIP com Ray na Flórida. O investimento foi substancial, mas Avi encorajou-a a fazê-lo. Ela finalmente disse sim. E assumiu o compromisso. Um dia antes de partirem para a Flórida, Avi e Rena estavam fazendo algumas compras. Avi veio até ela com dois bonés que queria comprar; o preço pelos dois era US$20. A única resposta de Rena foi: "Você realmente precisa dos dois?" Na visão de Avi, ele trabalha muito, ganha dinheiro e ambos estão viajando em virtude dos negócios dela, mas agora precisa pedir permissão para comprar um boné? As coisas ficaram tensas depois. Rena estava com isso na cabeça quando conheceu Ray no dia seguinte. Ela tinha uma lista completa de ideias para uma plataforma de mídia social e marketing sobre as quais queria conversar com Ray durante o tempo que passassem juntos. Mas ele queria focar na mentalidade em relação ao dinheiro. Ele sabia que tudo derivava disso. Então conversaram sobre dinheiro por quatro horas. E, durante esse tempo, Rena mudou completamente a forma como via o dinheiro, como se comunicava sobre esse tema e como estava tratando o marido. A coisa que mais a marcou foi Ray dizer que ela estava diminuindo a masculinidade do marido. Isso pode soar duro, mas Ray usou esse tom propositalmente, porque sabia que teria um impacto sobre Rena. Ela sabia que Avi era um bom marido, leal, provedor e pai maravilhoso — a última coisa que queria era fazê-lo se sentir menos do que isso. Ela mudou sua mentalidade em relação ao dinheiro da noite para o dia. E voltou para Avi como uma nova pessoa.

A primeira coisa que fez foi se desculpar pela forma como estava falando sobre dinheiro. Assim que Rena se abriu, Avi baixou a guarda. Ele também assumiu a responsabilidade por algumas ações e atitudes com relação a isso. Rena finalmente pôde contar que estava sempre pensando nas contas da casa, nos custos com a educação dos filhos e nas prestações do carro, enquanto Avi gastava sem saber de nada disso. Depois que começaram a se comunicar, tudo mudou. Conseguiram se comprometer, chegar a uma solução boa para ambos os lados e cumprir com o combinado. A nova mentalidade de Rena com relação ao dinheiro também mudou a forma como conduzia os negócios. Ela passou a ter uma renda três vezes maior do que o salário anual como assistente social logo que abriu a própria empresa de marketing de rede. Descobriu o segredo de investir em si mesma, casamento e negócios. E funcionou. Agora, o tempo e a energia que o casal costumava gastar em brigas por causa de dinheiro destina-se a ganhar mais dinheiro, investir e retribuir à comunidade.

Se você tem problema de mentalidade com relação a dinheiro, não importa quanto ganhe, ele sempre o perseguirá, a menos que o encare de frente. Tenha as conversas difíceis. Descubra quais são os seus gatilhos. Comunique-se. E faça um planejamento. Após conquistar uma nova compreensão com relação ao dinheiro, ele passará a trabalhar para você. Não o contrário.

> **Ponto de Ação**
>
> Procure pessoas de sucesso que você admira. Então aprenda o máximo que puder sobre a mentalidade delas com relação ao dinheiro.

NÃO APENAS TRABALHE PARA SEU DINHEIRO; FAÇA COM QUE ELE TRABALHE PARA VOCÊ

Você sabe quais são os gatilhos com relação a dinheiro, consegue conversar com o parceiro ou cônjuge sobre as coisas das quais deseja gastar, tem objetivos e um planejamento para alcançá-los. Agora é hora de começar a fazer seu dinheiro trabalhar para você. Queremos que o veja como um bem, não como um fardo.

Antes de conseguirem conversar, Ray sempre pressionava para investir em autodesenvolvimento e treinamento. E Jess sempre tentava economizar. Ela não conseguia entender por que ele estava procurando maneiras de gastar o dinheiro que eles se esforçaram tanto para ganhar. Para ela, o objetivo era ganhar dinheiro, mas Ray queria multiplicá-lo, pois foi testemunha do que acontece quando você não o usa para melhorar seu conjunto de habilidades, ampliar a visão de mundo e criar oportunidades fora da atual mentalidade em relação ao dinheiro.

Dinheiro é energia. Uma manifestação do valor que você entrega ao mercado. Queremos que mude a mentalidade com relação ao dinheiro para acreditar na facilidade em ganhá-lo. E como é fácil fazê-lo chegar até você, se acreditar que isso pode acontecer. Você simplesmente precisa dar os passos certos.

Passo 5: Invista.

Não estamos falando apenas sobre o mercado de ações. Queremos que invista em você e seu negócio. O dinheiro parado na conta bancária não está se multiplicando. Não está fazendo nada. Está apenas lá, parado. É a movimentação de dinheiro que cria mais dinheiro. Ao movimentá-lo, você pode adquirir novos conjuntos de habilidades e ativos. Sem isso, pode ficar estagnado. Ou, pior, perder tudo.

Antes de Ray perder todo o dinheiro no mercado imobiliário, uma das coisas de que se orgulhava era que não "precisava" investir em si mesmo. Não comprava cursos, não lia livros, não tinha um mentor; apenas adotou a ação massiva. Mas, no final, essa abordagem saiu pela culatra de maneira estrondosa quando o mercado mudou; e não tinha conhecimento suficiente para saber lidar. Ele não sabia o que fazer, então acabou perdendo tudo. Em um piscar de olhos, viu-se com uma dívida de US$1 milhão, a casa em execução hipotecária e a conta das economias zerada. Atualmente, ao relembrar, sabe que, se tivesse investido mais em si mesmo, estaria mais bem preparado.

Ray levou a sério essa lição quando se juntou a Jess em sua nova carreira. Nunca mais quis ser pego de surpresa e estar despreparado. Assim, toda vez que ganhavam um pouco de dinheiro, Ray queria investir de volta nos negócios. Após conversarmos e nos entendermos com relação a esse assunto, começamos a testemunhar os retornos, que foram exatamente o que não tínhamos quando ele estava no mercado imobiliário.

Em 2013, investimos US$30 mil em nossa primeira coach. Após conhecê-la, fizemos um evento, seguindo as orientações de acordo com o que estávamos aprendendo. Nele, ganhamos US$500 mil. Continuamos testemunhando esse tipo de retorno repetidamente. Logo, se aplicar dinheiro para expandir seu conjunto de habilidades, aumentar conhecimento e, em seguida, agir para aplicar esses conjuntos de habilidades e conhecimentos, o dinheiro se multiplicará. Você também está causando um impacto positivo ao aplicar essas ações.

O impacto variará de acordo com a ocupação, claro. Mas, independentemente do que esteja fazendo, conforme vê o conjunto de habilidades crescer, o impacto mudará também, sendo cada vez maior. Você será capaz de mudar mais vidas, desenvolver seu conjunto de habilidades como resultado e criar um círculo constante de ganhos e doações. Ao não gastar dinheiro investindo em si mesmo, está bloqueando a capacidade de causar impacto — qualquer que seja. Por exemplo, um hospital precisa construir uma nova ala antes de conseguir ajudar mais pessoas. Manter o dinheiro no banco significa permanecer estagnado. Voltando ao ponto de onde começamos este capítulo, quando você se sentir confortável para falar sobre o seu dinheiro, ficará muito mais confortável em dividi-lo. Saiba que o investimento próprio terá retornos sucessivos. Apenas precisa dar esse salto.

Por fim, não fique indeciso sobre seu investimento. Invista em si mesmo com confiança. Vimos o exemplo de diversas pessoas que não investem porque não acreditam em assumirem o compromisso. São as que adiam a matrícula na academia ou a compra do chiclete de nicotina porque não têm certeza se assumirão o compromisso de entrar em forma ou parar de fumar. Elas não querem gastar ou fazer investimento se não acharem que serão capazes de se comprometerem. E desistem antes mesmo de começar; isso demonstra quão pouca fé têm em si mesmas. Não seja uma dessas pessoas. Você deve pelo menos tentar. Portanto, se vai fazer o investimento, (a) assuma o compromisso de que vai se esforçar e (b) saiba que, independentemente do que acontecer, conseguirá passar por isso. Não é uma questão de vida ou morte. Haverá outras oportunidades e formas de investir.

> **Ponto de Ação**
>
> Existe algum coach, mentor ou especialista com quem você adoraria trabalhar? Descubra o que isso envolveria, quem é próximo deles ou quando será o próximo evento de que participarão. Você consegue simplesmente enviar mensagens pelas redes sociais deles? Pode ler um de seus livros ou fazer um de seus cursos. E, também, realizar uma ótima avaliação online para, possivelmente, chamar a atenção.

Passo 6: Abandone o julgamento.

Sempre conversamos com a nossa filha sobre dinheiro. Ela sabe que trabalhamos muito. Sabe que o nosso trabalho paga a comida, os brinquedos, a casa, as viagens e todo o lazer que temos. E ela não acha que o dinheiro seja um mal; mesmo tão jovem, já sabe que é um recurso. Queremos que cresça sabendo que não há problema em trabalhar para ganhar dinheiro, gastar consigo mesma e querer ganhar mais. Dinheiro significa liberdade.

Ainda há momentos em que Jess se sente um pouco desconfortável ou nervosa ao perguntar quanto custa certa coisa, porque não quer as pessoas pensando que não temos dinheiro para pagar. Para Jess, isso a leva de volta à infância. É, de fato, o medo de ser julgado. No final do dia, porém, tudo se resume à prática. Você não passará a se sentir confortável com relação a dinheiro da noite para o dia. É preciso trabalhar nisso. Fale sobre como se sente. Mesmo se não tiver a experiência desejada, treine ao usar a voz e exija o que anseia. Antes que perceba, não será capaz de se lembrar de ter feito de outra maneira.

Um exercício que eu faço, e ajuda em muitas coisas com as quais me sinto desconfortável — não apenas com relação a dinheiro —, é transformar um pensamento no inverso. Exemplo, se minha primeira reação for evitar fazer um investimento, vou inverter o pensamento e simplesmente investir. A primeira coisa na qual pensa é uma reação. Na maioria das vezes não consegue controlar a primeira. Então queremos que assuma o controle sobre as reações que não foram boas. Você viu algo em uma loja de que gostou, mas teve medo de perguntar o preço? Inverta essa reação pedindo para experimentar. Ficou com muito medo de fazer determinado curso porque está preocupado em jogar dinheiro fora? Matricule-se. Está preocupado em pedir ao cônjuge para gastar ao contratar um coach empresarial? Fale sobre o assunto. Você nunca sabe aonde essa conversa o levará.

Separe esse pensamento negativo. Deixe um pouco de lado. E diga a si mesmo: "Qual seria o pensamento exatamente oposto neste momento?" Seria: "Bem, quem se importa com o que pensam de mim? Pergunte o preço" ou "Ah, esse curso será incrível. Vamos multiplicar por dez nosso dinheiro por meio desse investimento". Dê a si mesmo a permissão para pensar de modo diametralmente oposto ao atual. Ficará surpreso com as portas que poderão ser abertas.

> **Ponto de Ação**
>
> Qual é a ÚNICA crença que atualmente o impede de pedir, gastar ou investir dinheiro? Agora separe tal pensamento. E escreva o exato OPOSTO (como uma pessoa que acredita em algo completamente diferente do que você pensa).

Por exemplo, se acredita que "perderá tudo" e "nunca recuperará o dinheiro" investido no negócio, se achar isso "superassustador", mude essa crença para "vou ter um retorno de dez vezes do valor desse investimento! Esse é um risco que estou assumindo e compensará MUITO ao longo de minha vida! Estou muito animado!"

Fazer isso pode parecer piegas e desnecessário, mas FUNCIONA! Dê uma chance. Existe algo que quer, mas acha que não pode pagar? Faça um test-drive. Encontre alguém que tenha esse bem desejado. Toque, sinta e experimente.

Passo 7: Transforme em algo pessoal.

Você investiu em si mesmo. Deixou de lado os julgamentos em relação a dinheiro. Agora é hora de abordar outro aspecto de como pensa e fala sobre dinheiro: conseguir que alguém invista dinheiro em VOCÊ.

Se está pedindo a um cliente para comprar seu produto, ou a um banco para dar um financiamento empresarial, ou a um parceiro para se juntar no negócio, deve primeiro descobrir o que eles valorizam. E usar disso para influenciá-los. Traga essa conversa para o nível pessoal.

Antes de ir a uma reunião, pergunte a si mesmo algumas coisas simples. Qual é o valor do seu produto ou serviço? Por que eles deveriam comprar algo de você? Que problema o serviço ou produto resolverá? Há algo que querem e pode ajudá-los a obter? Não se trata do que deseja. É sobre o que eles desejam. Como eles serão beneficiados? Como vai ajudá-los? Ao responder a essas perguntas, não tenha medo de falar sobre dinheiro. Não dê voltas em torno. Não termine a fala com um argumento fraco. Você deu todos os passos até aqui para conseguir falar sobre dinheiro. Agora é a hora de aplicá-los.

Ponto de Ação

Separe as perguntas anteriores. Escreva em um papel as respostas. E certifique-se de responder de forma que mostre seu *valor* — não apenas como qualquer outra pessoa responderia. Exemplo, se está fazendo uma entrevista para um novo emprego, mas começa com "Eu sempre chego no horário" ou "Sou superdedicado!", não presuma que o entrevistador nunca tenha ouvido isso antes. Você está basicamente dizendo ao futuro empregador que é igual a todo mundo. Essa é a abordagem errada!

Em vez disso, pense em *como* podem se beneficiar (quem tem aquilo que você quer, seja dinheiro, empréstimo, estágio etc.). A sua resposta pode ser: "Vocês têm apenas 300 seguidores em sua página do Facebook. Sou muito bom em mídia social e posso conseguir com que esse número aumente para 5 mil ainda este ano e para 20 mil nos próximos dois anos." Em seguida, considere uma estratégia para fazer o plano funcionar.

Para recapitular de forma muito simples, ao pensar em como conseguir algo que VOCÊ deseja de outra pessoa, reflita em como ELES se beneficiam disso. Eis a fórmula:

Um problema com o qual estão tendo dificuldades atualmente

+

Uma solução que pode implementar

+

COMO implementará essa solução

Esse é um conceito importante, então nós traremos mais um exemplo. Suponhamos que seja proprietário de uma empresa de calçados e quer que um cliente faça uma compra. Que problema você pode resolver para ELES? E como podem se beneficiar do que tem a oferecer?

"Percebi que você anda de salto alto o dia todo e está sempre massageando os pés (Um problema com o qual estão tendo dificuldades). E se eu tivesse uma forma de você parecer fabulosa E ficar confortável o DIA INTEIRO, por até 12 horas, sem sentir praticamente nenhuma dor (uma solução que pode implementar)? Nosso novo 'salto conforto' (compõe a solução) tem almofadas que a farão sentir como se estivesse andando nas nuvens (como implementará a solução)." É piegas, mas você entendeu como funciona.

MUDANDO A FORMA COMO SEU DINHEIRO TRABALHA PARA VOCÊ: GASTE. INVISTA. ECONOMIZE.

Um homem chamado Dan Kennedy, uma lenda na área do marketing digital, abordou o dinheiro de uma maneira única. Ele tinha três contas: uma para o negócio, uma para investimentos e uma para doações. Então decidiu antecipadamente como dividiria os ganhos entre essas três contas. E seguiu o planejamento por décadas.

Se fizer isso, não apenas verá que tipo de impacto poderá causar, como também verá como os investimentos darão retorno. Não precisa deixar seu dinheiro suado estagnado. Ele trabalhará em favor do negócio e para você na forma de um investimento ou terá um impacto na comunidade. É fundamental se sentir confortável em gastar dinheiro para mudar a forma como você se relaciona com ele.

Ao dividir o dinheiro dessa forma, entenderá que — não importa qual seja o nível de renda — sempre será capaz de causar impacto nas pessoas ao redor. Você poderá retribuir à comunidade. No momento em que começamos a ver o retorno dos investimentos, vimos que nosso impacto fez uma grande diferença. As doações para a March of Dimes contribuíram para a saúde de bebês prematuros. E fazemos parte do conselho de diversas instituições de caridade onde ajudamos a tomar decisões que afetam milhares de pessoas todos os dias. Chegar a esse posto após ficar sem dinheiro, e com US$1 milhão em dívidas, é uma sensação realmente incrível.

Ter essa oportunidade fará você se sentir imediatamente mais rico, não importa quanto tenha na conta bancária. O dinheiro não é a raiz de todos os males. Ganhar dinheiro não faz de você uma pessoa gananciosa. Ele pode ser usado como uma força do bem. E você pode ser a pessoa que detém essa força.

DINHEIRO COMO UMA FORÇA DO BEM

Uma pesquisa recente descobriu que as pessoas acham que a melhor forma de ficar rico é ganhar na loteria — não trabalhar duro para ganhar dinheiro, mas tropeçar nele por pura sorte. Desde quando ganhar dinheiro se tornou algo tão negativo? Como milionários e bilionários se tornaram nossos inimigos? O dinheiro não é uma coisa ruim. Na verdade, é o oposto disso. Queremos finalizar este capítulo mostrando que ganhar dinheiro não faz de você uma pessoa má. Ter muito dinheiro não significa que você tenha que deixar crescer um bigode e enrolá-lo pelas pontas enquanto conta as moedas. Você pode usar o dinheiro para ajudar outras pessoas. Você pode fazer dele uma força do bem.

Veja a opinião atual: se perguntar a pessoas comuns, a maioria não acredita que pode se tornar milionária — muito menos bilionária — sem tirar vantagem dos pobres e infelizes ou ferrar alguém. Muitas pensam que têm apenas alguns centavos e que as bem-sucedidas enriquecem por meio dos esforços e do trabalho duro delas. Somos a prova viva de que isso simplesmente não é verdade.

Viemos do nada. Ganhamos nosso dinheiro trabalhando duro e investindo em nós mesmos. Não pisamos em ninguém ao longo do caminho. Não nos aproveitamos de ninguém enquanto expandíamos os negócios. E agora estamos onde estamos, finalmente capazes de causar o impacto que gostaríamos. Para Ray, trata-se de descobrir a voz e ter liberdade individual para tomar as decisões que deseja. Para Jess, trata-se da segurança para os filhos e saber que pode ajudar quem mais precisa.

Para muitos, a educação molda a forma como veem o dinheiro, mesmo que não percebam. Seja uma abordagem religiosa ensinando que ganhar muito dinheiro significa ganância, uma experiência de ver o dinheiro sendo gasto em drogas ou álcool, ou ter passado por uma infância tumultuada, vendo os pais brigarem até para colocarem comida na mesa. Nossas primeiras experiências ficam enraizadas pela forma como lidamos com dinheiro à medida que crescemos. A maioria das pessoas que conversamos cresceu com uma mentalidade de escassez. Ou economizaram cada centavo que ganharam, com medo de gastar "para o caso" de precisarem no futuro. Ou disseram a si mesmas que "não precisavam" daquele carro, daquelas férias ou daquela casa maior. Elas podem ter a crença de que mais dinheiro leva a mais problemas. Enfim, culpam o dinheiro que os pais ganharam por todos os problemas que tiveram, não as atitudes deles em relação a isso. Podem ter enxergado a si mesmas como um fardo para os pais e jamais vão querer que os próprios filhos se sintam assim, então economizam tudo o que ganham. Inclusive, podem ter guardado ressentimento com relação ao dinheiro porque viram os pais desperdiçarem em vícios. Assim, economizam tudo o que podem para nunca precisarem lidar com os sentimentos a respeito de dinheiro.

Muitas dessas pessoas, após trabalharem conosco, mudaram totalmente a visão que tinham sobre o próprio dinheiro. Quem foi ensinado que ganhar dinheiro significava ganância percebeu que quanto mais ganhava, mais podia doar. Pessoas cujos pais passaram dificuldades aprenderam que isso não precisa ser um fator de estresse, pode ser o que o liberta. E aquelas que assistiram seu dinheiro ser usado para prejudicar outras pessoas viram que também pode ser utilizado para o bem. O dinheiro não precisa ser um fardo para carregar sobre os ombros; pode ser as asas que o levarão aonde quer chegar.

Encerraremos o capítulo com algumas das histórias dessas pessoas.

Para Thiago, dinheiro sempre esteve associado ao trabalho duro; nunca ganhará dinheiro a menos que se sacrifique, mantenha a cabeça baixa e não faça nada além de trabalhar. Ou você trabalha assim e tem ganhos ou não trabalha e não conquista nada. Ele trabalhou, trabalhou e trabalhou. Abriu mão de passar tempo com a família. Competiu com todos ao redor pelo escritório com a melhor vista. Mesmo assim, estava infeliz. "Eu fui programado para pensar que era difícil ganhar dinheiro e que ele não cresce em árvores. Ray me impulsionou a mudar minha mentalidade e a trabalhar de maneira mais intencional. Ele me fez enxergar que posso gerar riqueza para minha família e não ser um escravo do trabalho 24 horas por dia, todos os dias da semana. Ainda tenho energia e ânimo, mas agora me permito ter tempo e liberdade para desfrutar da companhia de minha família." Ao mudar a mentalidade com relação ao dinheiro, ele conseguiu ganhar e ter influência suficiente para ensinar os outros a fazerem o mesmo. Assim que Thiago começou a trabalhar conosco, percebeu que ganhar dinheiro não significava arruinar todas as outras áreas da vida. Percebeu a possibilidade de viver com mais tempo, dinheiro e liberdade — ganhar dinheiro e realmente aproveitá-lo. Ele queria ser um pai que fica em casa e sustenta a família. Ao trabalhar conosco, entendeu que não precisava escolher entre essas duas coisas. Thiago podia investir em si mesmo e causar impacto na própria família.

Nanouka nos contou que cresceu pensando como o dinheiro era algo negativo em sua vida. O pai era um empresário esforçado. Mas, toda vez que ela pedia dinheiro para o lanche, ele reclamava. Pensou que era o próprio ato de dar dinheiro que o fazia reagir dessa forma. Quando criança, sua autoestima foi abalada pela relutância do pai em dar dinheiro para merendar. E, quando adulta, enfrentou os próprios problemas ao empreender, porque não tinha confiança para lidar com transações financeiras.

Ajudamos Nanouka a perceber que, ao pedir dinheiro em troca de seu produto ou serviço, ela estava, na verdade, agregando valor e impactando sua comunidade de forma positiva. Não estava pedindo esmola; em vez disso, estava fornecendo valor aos clientes. Nós a fizemos perceber que o bloqueio pessoal relacionado a seu negócio poderia ser facilmente corrigido ao mudar a mentalidade com relação ao dinheiro e à troca de valor. Agora, Nanouka sabe que, quando pedia dinheiro ao pai, apenas o fazia lembrar que era difícil ganhá-lo; não ficava chateado com o pedido. Após trabalhar conosco, Nanouka passou a experimentar felicidade e realização por causar um impacto em sua comunidade por meio das vendas no negócio. Ajudamos a perceber que causar um impacto por meio das vendas não prejudica quem está comprando e que não está causando dor a essa pessoa ao aceitar seu dinheiro. Essa revelação transformou o negócio. E Nanouka está ganhando dinheiro, contribuindo de forma bondosa e, também, economizando.

Brian foi criado como Jess, achava que a única maneira de lidar com dinheiro era guardá-lo, acumulá-lo e garantir que nunca o gastaria. Mostramos que doar dinheiro é uma ótima maneira de mudar a mentalidade. Agora está trabalhando conosco e aprendeu a doar dinheiro conforme ganha. Toda a atitude sobre o assunto mudou. "Eu me tornei uma pessoa muito generosa", ele contou. "E apenas nos últimos meses, consegui doar milhares de dólares. É realmente incrível como a vida muda."

Hadass nos contou de um contexto acadêmico no qual o desejo de ganhar dinheiro era visto com desdém. Ensinamos que você nunca pode se tornar aquilo que despreza. O Power Mind, um curso intensivo de seis horas elaborado por Ray, funcionou como um divisor de águas para Hadass. Ele permitiu que ela acessasse os pensamentos subconscientes sobre dinheiro e abundância. E a ajudou a mudar de mentalidade. O curso aborda a reformulação daquilo que pensa a respeito de abundância e dinheiro. Agora, Hadass sabe que é um meio pelo qual consegue causar algum impacto no mundo. E é completamente normal — até desejável — ganhar muito dinheiro para poder ajudar mais pessoas.

REGRA Nº 5

CONSTRUA SUA MENTALIDADE

Até então, nós temos tratado neste livro da preparação para mudar sua vida, removendo os obstáculos que aparecerão no caminho. E também da visão que o manterá na direção certa. Este capítulo foca na mentalidade — a maneira como você pensa e enxerga o mundo.

Quando Jess começou a construir o seu negócio, era extremamente tímida e insegura. Preocupava-se muito em fazer com que as pessoas gostassem dela (assim como muitas mulheres). E realmente lutou para ser a mais "apreciada". Quando abordava alguém para pedir que desse uma olhada em seu produto, a abordagem vinha de um ponto fraco. E os potenciais clientes conseguiam perceber isso pela sua voz. Ela sentia verdadeiro pavor de que os amigos e familiares não "aprovassem" o novo empreendimento. Portanto, ninguém o aprovou.

Tudo mudou quando Jess começou a observar de perto as pessoas cuja aprovação tanto buscava, e as conquistas delas. Não eram pessoas felizes. Não eram ricas. E, certamente, não tinham liberdade financeira. Com base nessa percepção, Jess começou a ouvir e estudar com mentores que tinham as coisas que desejava — riqueza, saúde e felicidade. Ela começou a adotar seus pontos de vista e suas características em abordar as pessoas. Aos poucos, a mentalidade e tolerância à rejeição ficaram cada vez mais fortes. Ao adotar a nova visão, e entusiasmar-se com o negócio, assistiu às pessoas começarem a se juntar a ela. E à medida que faziam isso, sua confiança crescia cada vez mais. Ter total confiança em si, e não ter medo de ser rejeitado, não é algo que acontece da noite para o dia. É preciso buscar orientação. E colocar em prática aquilo que você mais tem medo para enxergar uma mudança.

É como aprender a pilotar avião. Um de nossos melhores amigos é piloto. Ele nos contou que, muitas vezes, você precisa passar centenas de horas estudando sobre o avião, como funciona, quais botões apertar etc., antes mesmo de entrar em um simulador. Mas, uma vez dentro, e ele começar a "falhar", todo o conhecimento sai pela janela. Você passa a operar totalmente por meio do instinto. É por isso que, no mundo dos negócios, praticar, agir e encarar o mundo lá fora são atitudes importantes não apenas para o crescimento da receita, como também para o crescimento da mentalidade.

Até o momento, sua mentalidade o tem acorrentado às circunstâncias atuais. Por décadas, foi moldada pelos pais, professores, pela escola, pelos chefes, empregos e relacionamentos que teve; um produto de fontes externas. Ela estava guiando o carro. E você era apenas um passageiro. Não é assim que você quer viver a vida. Tudo isso muda a partir de agora.

Não vamos apenas mostrar como assumir o controle da mentalidade. Também vamos mostrar como construir uma mentalidade que trará sucesso. Não se trata somente de visualizar e manifestar que vai ganhar 1 milhão. Será um treinamento mental intenso que o prepara para o sucesso.

Os passos descritos neste capítulo focarão na criação de uma nova mentalidade para seu novo ramo de trabalho ou atual. Falaremos sobre como lidar com a rejeição, esforçar-se além do que pensou ser possível por meio da responsabilidade e como criar oportunidades. Mudar sua mentalidade permitirá que você conquiste o próximo conjunto de desafios que tiver que enfrentar. Já vimos muitas vezes.

Passo 1: Saia da jaula da aprovação.

Para mudar a mentalidade, você precisa aceitar o fato de que nem todos vão aprovar as escolhas que faz. Você deve concordar em não receber aceitação, aprovação e concordância. Especialmente das pessoas que mais ama. Essa necessidade de aprovação é como uma porta trancada que o impede de ir atrás do que deseja. O problema é o seguinte: só você tem a chave dessa porta. Quando começa a abrir, as pessoas querem reduzi-lo ao tamanho delas. Dizem: "Bem, quem você pensa que é? O que o torna especial? Por que acha que não tem que cumprir as obrigações nesse trabalho que odeia, assim como todos?" Lembre-se de que essas atitudes e reações não são rejeições direcionadas a você. Essas pessoas não estão te rejeitando como pessoa; estão rejeitando a ideia de serem maiores do que são atualmente.

Sempre haverá pessoas que se ressentirão com seu sucesso. Isso acontece em todos os níveis. Quando Ray estava trabalhando no Burger King e passou a ganhar US$4,35 por hora em vez de US$4,25, os colegas de trabalho reclamaram do aumento que ele recebeu, embora estivesse trabalhando muito mais e impressionando os gerentes. Sempre haverá quem queira derrubá-lo. Saiba que sucesso não é motivo legítimo para que o critiquem. Não é vulnerabilidade. É força.

Claro que todos nós buscamos aprovação; isso é algo natural. No entanto, uma vez que sai da jaula em que está preso, será capaz de agir em um nível totalmente diferente. Nunca romperá o status quo, a menos que apoie contra a porta e force um pouco. Pode ser desconfortável de início, porém, se fizer, verá como tudo é incrível do outro lado.

Parte de sair da jaula é não se importar em parecer bobo, estúpido ou tolo. Parte da construção da mentalidade é superar o medo de pensar "o que as pessoas vão achar". Os sonhos de muitos são frustrados porque procuram a aprovação e a concordância de quem está ao redor sobre o que desejam fazer. Eles têm a ideia, escolhem uma plataforma e, depois, contam a alguns parentes e amigos próximos. Mas, então, o que ouvem está longe de ser um incentivo. Em vez disso, ouvem: "Isso parece muito estúpido. Por que alguém faria isso? E por que esse alguém seria você?" É difícil não se sentir triste e desanimado. Nós entendemos. Também passamos por isso. Todavia, no final, as pessoas que desistem assim que recebem esse tipo de feedback não perseguem a grande ideia que poderia ter mudado suas vidas. Não seja esse alguém. Você é mais forte do que as palavras e a desaprovação dos outros. Estamos dando permissão para provar que estão errados.

Ray teve que sair da jaula diversas vezes ao longo de sua carreira. E foi ficando cada vez mais fácil à medida que praticava. "Quando entrei no mercado imobiliário e basicamente joguei fora meus sete anos de carreira em TI, todos disseram que eu era um idiota. Meu professor da universidade disse: 'Ah, você vai voltar.' Ninguém achou que fosse uma boa ideia. Acho que muitas outras pessoas teriam parado por aí, ou sequer teriam tentado, se não tivessem a mentalidade que eu tinha. Não me importava com o que os outros pensavam; queria fazer por mim mesmo. Se tivesse desistido antes mesmo de começar, nunca teria chegado à fase de rejeição. Muito menos ao sucesso. Claro, as coisas poderiam ter dado errado, mas não podia presumir isso com base no feedback de algumas delas. Você não pode permitir que a opinião do outro impeça de você fazer aquilo que deseja. Quando faz isso, o sofrimento é apenas seu."

As pessoas que convivem contigo atualmente aceitarão qualquer versão sua que virem no momento. Se apenas o veem como quem está em um emprego que odeia e não ganha muito dinheiro, então a opinião será baseada nesses fatos. Na mente delas, não o estão apoiando apenas para protegê-lo de si mesmo. Em parte, ocorre porque sabem que não têm a mentalidade para fazer o que está planejando. Elas têm medo por você, porque estão se colocando em seu lugar e ficando assustadas. Acham que vai falhar miseravelmente, porque foi o que as impediu de fazer algo novo — o medo de parecer estúpido e o medo de outros dizerem: "Eu avisei." Só porque não estão na mesma sintonia, acham que também não conseguirá lidar com isso. Podem pensar que o estão protegendo e ajudando ao dizer para não correr atrás de seus sonhos. Lembre-se disso quando vierem apresentar motivos para que não faça o certo para você.

Passo 2: Pratique não ser querido.

Todos sentimos a necessidade de ser queridos. O desejo de ser querido paira sobre quase tudo o que fazemos, seja em casa, relacionamentos ou local de trabalho. Isso pode abrir diversas lacunas. E podem atrapalhar muito no crescimento. Jess sabe bem: "Para mim, a ideia de ser querida por todos era enorme. Cresci em uma casa dividida; meus pais nunca foram casados e, às vezes, me sentia a ovelha negra da família. Por vezes, sentia que nunca era boa o suficiente. Tive pais amorosos, mas ainda não sentia que minha casa era normal, então tinha um desejo insaciável de ser querida por todos. Claro, você nunca será apreciada por todos. Não importa o que faça. Você pode ser a pessoa mais incrível deste planeta, mas sempre haverá alguém que não vai gostar de você justamente por causa disso.

"Quando comecei a trabalhar, provavelmente era uma das pessoas mais legais naquele balcão de maquiagem em um departamento com 25 mulheres. Tentei não pisar no calo de ninguém, porque também era uma das mais jovens e mais novas no emprego. Todas sempre diziam: 'Meu Deus, Jess, você é tão legal. Adoramos trabalhar com você.' Mas, de vez em quando, se eu começasse a vender mais do que elas, as ouviria falando de mim na sala dos fundos. Ou ouviria as pessoas cochichando algo sobre mim. E ficou muito claro: 'Não importa o que faça, as pessoas não vão gostar de você. Não importa o que aconteça.' Quando percebi isso, fiquei tão farta da maldade naquele departamento que sabia que queria sair o mais rápido possível; foi quando decidi que ter um negócio em casa se encaixaria perfeitamente.

"Naquela época, queria que meu chefe, minhas colegas, meus amigos e minha família gostassem de mim. Queria o apreço de pessoas que nem conhecia. Mas, no fim das contas, quem se importa? Levei anos para aprender que não importa o que pensam. Você não pode deixar as opiniões e a necessidade de aprovação o impeçam de realizar algo. Saiba que não importa o que você faça e quão incrível seja, não pode agradar a todos."

A única maneira de superar o sentimento de sair da gaiola — parar de permitir que a necessidade de aceitação e aprovação o impeça de progredir — é praticar não ser querido. É como qualquer outra habilidade que precisaria adquirir para entrar em um novo empreendimento: desenvolva e fortaleça por meio da repetição. Isso não significa praticar ser um babaca de maneira intencional para que ninguém goste de você, mas significa praticar ser rejeitado.

Você deve praticar a rejeição. Pratique fazendo com que pensem que você é estranho. Vá para a rua. Deixe que digam não. Deixe pensarem que é louco. Deixe pensarem que não têm certeza de que é uma boa ideia o que está fazendo. Você pode ler livros de desenvolvimento pessoal e ouvir palestras a respeito, mas a única maneira de realmente superar o medo de ser rejeitado é sair por aí para conversar com pessoas que não gostam de você. Faça quantas vezes for preciso. E veja por si mesmo. O mundo não vai desmoronar ao seu redor. Você ainda é a pessoa incrível que era antes de levantarem uma sobrancelha e revirarem os olhos.

Não ter que se preocupar com o que pensam é um grande fator positivo. Mas também há um segundo benefício. Quando parar, você estará livre para falar o que pensa. E, assim, passará a se surpreender com a quantidade de pessoas que o apoiam de verdade.

Veja a experiência de Jess ao finalmente sair do emprego no balcão de maquiagem: "A primeira pessoa a quem contei sobre meu novo empreendimento no marketing de rede foi uma de minhas colegas de trabalho. Eu estava muito nervosa. Estava com um nó na garganta. Senti que ia desmaiar. Não estava nem um pouco preparada para ser julgada por fazer algo que pudesse permitir qualquer julgamento. Simplesmente não estava preparada, verbal e mentalmente. Mas sabia que, se queria que acontecesse, tinha que fazer. Então conversei com ela sobre isso. E ela me ouviu. Foi muito otimista. E, inclusive, fez algumas perguntas. Todo o medo que eu tinha construído em minha mente e a rejeição para a qual me preparei não apareceram. Alguns meses depois, ela acabou me procurando e se juntou à minha equipe. Toda aquela experiência serviu como um despertar. A primeira pessoa com quem falei sobre mudança de empreendimento não apenas me apoiou, como também se juntou a mim."

Você nunca sabe que resposta obterá, mas não terá resposta alguma se nem mesmo tentar. Superar o medo da rejeição e do julgamento é o primeiro passo. Kendra, uma das participantes do nosso reality show, é um excelente exemplo de alguém que deixou que o medo do que os outros pensam a impedisse de alcançar o verdadeiro sucesso. No entanto, assim que superou, ela percebeu que o céu era o limite.

"Durante a maior parte da minha vida profissional, trabalhei no varejo corporativo. Levei anos, mas finalmente consegui chegar à diretoria executiva. Participava de reuniões, fazia campanhas, andava de jato particular. Eu tinha tudo. Mas então minha mãe adoeceu. E tudo mudou. Tirei uma licença para cuidar dela, ajudar com o tratamento e me concentrar em sua cura. Foi difícil deixar um salário de seis dígitos para trás, contudo comecei a me envolver com marketing de rede. Eu havia sido cliente no passado, mas, quando comecei, não tive nenhuma orientação. Claro, tinha bastante experiência em marketing de varejo, mas era uma maneira totalmente nova de lidar com as vendas."

"Comecei fazendo o que meu chefe disse para fazer: enviar e-mails e mensagens genéricas às pessoas. Nem preciso dizer que não funcionou. Levei cerca de dois anos e meio, mas finalmente formei uma pequena equipe e conquistei uma base de clientes. Foi nessa época que deparei com o blog de Ray ao fazer uma pesquisa do Google. Coloquei as ideias em prática. E as coisas começaram a mudar imediatamente. Depois que entrei para o grupo online de Jess e Ray, o Rank Makers, o negócio simplesmente decolou. Eles foram capazes de ligar os pontos soltos de uma maneira que nunca consegui. Achei que estava me expondo, mas rapidamente percebi que minha hesitação em causar uma impressão errada ou parecer muito ousada estava me impedindo de chegar ao número de pessoas que eu precisava alcançar para ver resultados reais. A maior lição que aprendi foi não me preocupar com o que pensavam de mim.

"Quando descobri que Ray conseguia receber por volta de 20 'nãos' por dia, fiquei chocada. Eu sequer estava falando com 20 por dia! Achei que estava muito ocupada, sendo produtiva, mas, quando fui verificar o 'diário de monitoramento' no qual Ray pediu para escrever as atividades diárias, vi que não estava fazendo quase nada. Foi chocante. Percebi que, se não parasse de me importar com o que as pessoas pensavam de mim, nunca chegaria a lugar nenhum.

"Depois que minha mãe terminou o tratamento, decidi não voltar mais para o mundo corporativo. Estava ganhando muito mais do que ganharia se tivesse um salário, mesmo que fosse um de seis dígitos. Paguei dois anos do plano de saúde da minha mãe. Ganhei US$11 mil em quatro meses. E, agora, estou a caminho de ganhar de US$20 mil a US$30 mil por mês. Nada disso teria acontecido se não tivesse superado o medo de ser rejeitada. Depois que você deixa isso de lado, sente que pode fazer qualquer coisa."

> **Ponto de Ação**
>
> Há alguém em sua vida que tem medo de que não goste de você ou acha que irá julgá-lo por tentar algo novo? Escreva os nomes dessas pessoas. Mais tarde falaremos sobre como usá-los. E como isso o ajudará.

Passo 3: Sinta-se confortável com a rejeição.

Neste passo, queremos que busque a rejeição. Como dissemos antes, a única maneira de mudar a mentalidade antiga é praticar a nova. Aumente a imunidade contra a rejeição por meio da repetição. Quando se sentir confortável com a rejeição, será capaz de alcançar tantas pessoas das quantas houver neste planeta sem se preocupar com o que dirão.

Saia em busca do não. Faça algo que o deixe desconfortável. Lembra quando conversamos sobre como a prática o ajudará a superar os medos? Quando busca ativamente um "não" e começa a ouvi-lo, não é tão assustador. Divirta-se! Ouvir um NÃO está longe de ser uma situação de vida ou morte. Você consegue fazer isso!

Para Ray, tudo se resumiu a buscar o não. "Uma das coisas que realmente ajudaram em minha carreira foi um livro chamado Go for No! [*Em Busca do Não!*, em tradução livre], de Richard Fenton e

Andrea Waltz. O foco do livro é ajudar a superar o medo da rejeição e a mudar a energia em relação a ouvir um 'não'. Após a leitura, soube que deveria usar essa ideia como um dos princípios de meu negócio.

"Quando estava começando, receber 20 'nãos' por dia fazia parte do meu método diário de operação. Eu não tinha medo de ser rejeitado, então nada impedia de fazer perguntas fundamentais. Essa mentalidade ajudou a passar de uma casa em execução hipotecária e falência para ganhar mais de US$10 mil por mês em cinco meses. Os autores desse livro, Richard e Andrea, ouviram minha história, e gostaram tanto que, na verdade, acabamos escrevendo outro juntos."

"Quando superar todo esse medo de rejeição, poderá finalmente descobrir o que está por trás da barreira que você mesmo construiu. Nunca saberá o que é capaz de conseguir em sua vida até que pare de se preocupar tanto com a aparência ou com a possibilidade de ouvir um não."

A nova mentalidade de Ray em relação a ouvir um "não" indicava que era capaz de gerar mais atividade em torno do negócio, o que resultou em mais vendas. Ele alcançou mais pessoas, tentou abrir mais portas e se reuniu com mais tomadores de decisão. Aqueles 20 "não" por dia trouxeram algumas coisas: (1) Exigiram que **alcançasse um número maior de pessoas**. Se a meta é obter 5 "sim" por dia, então seria possível alcançar apenas 20 pessoas. No entanto, se a meta é receber 20 "não", pode ser preciso alcançar 40. (2) **Isso mudou a energia quanto à rejeição**. Antigamente, Ray costumava ouvir um não e passava o restante do dia lamentando. Quando superou esse medo, a reação foi: "Ah, é apenas mais um não. Nada de mais." E assim conseguiu permanecer no jogo por mais tempo.

Para Jess, mudar a mentalidade em relação à rejeição significava aprender a lidar com pessoas que nunca conheceu na vida real. "Quando comecei a usar as redes sociais como ferramenta de vendas, descobri que existem muitos tipos de malucos por aí. E você não sabe quem é real e quem está tentando se passar por outra pessoa.

"A terceira ou quarta pessoa com quem falei sobre meu negócio e meus produtos reagiu de forma bem extrema. Ela me xingou de todos os nomes possíveis. E usou todas as versões daquele palavrão que começa com 'f'.

"Foi terrível. No começo, queria apenas deitar em posição fetal e chorar. Mas então pensei: 'Bem, por quê? Quem se importa?' Depois daquele primeiro incidente, fui xingada provavelmente mais umas cem vezes. E foi fantástico. Simplesmente entrava por um ouvido e saía pelo outro."

> **Ponto de Ação**
>
> Das pessoas cujo nome anotou no último ponto de ação, converse com pelo menos cinco delas HOJE sobre seu produto, serviço ou ideia para um negócio. Pratique a rejeição! Você ficará surpreso com os resultados. E mesmo se todas essas pessoas o xingarem e disserem que é horrível, quem se importa?

Passo 4: Seja seu próprio empregador — *e* seu próprio empregado.

Superar esse medo da rejeição e aprender a ser rejeitado sem deixar que o afete é apenas parte da mudança de mentalidade. Eis outra mudança importante: quando você está administrando uma empresa, você é seu próprio chefe. Não há ninguém o vigiando, checando e fazendo avaliações anuais. Será tão bem-sucedido e diligente quanto se esforçar para ser. Então, de certa forma, é seu próprio funcionário também.

Para as diversas pessoas que orientamos e ajudamos, uma vez que se permitem ter a liberdade de trabalhar por si mesmas, elas usam esse tempo de forma equivocada quase que imediatamente. Não estão se gerenciando bem, especialmente quando se trata de fazer tarefas de que não gostam. Nós pedimos que se questionem: "Por que está fazendo isso? Qual é o benefício? Por que é importante? Quem você quer se tornar?" E você também pode se fazer essas perguntas.

Para se gerenciar melhor, aumente as expectativas sobre si mesmo. Considere-se um funcionário em sua própria empresa. Se contratasse alguém para fazer o que quer fazer, como funcionaria? Quantas horas gostaria que essa pessoa trabalhasse? Quanto esforço gostaria que ela investisse no seu trabalho? Agora coloque as mesmas expectativas em si próprio. Ser o funcionário perfeito deve fazer parte da sua mentalidade.

Concentre-se nas seguintes questões: o que realmente deseja na vida? Vale mais do que a dor temporária de fazer determinada tarefa? Se quer fazer a diferença, precisa fazê-la. Se quer ter mais dinheiro para tirar férias com os filhos, precisa estar disposto a arregaçar as mangas. Uma das "pegadinhas" de deixar o emprego de tempo integral para trabalhar em casa ou permanecer no emprego fazendo home office é que não há ninguém obrigando-o a cumprir prazos.

Ray, por exemplo, nunca gostou de prospectar clientes; odiava fazer isso. Mas sabia que era um aspecto fundamental do meio que escolheu para trabalhar e mudar de vida. Se prospectar era a maneira de conseguir aquela outra vida, então sabia que tinha que fazer isso. Não era uma questão de "gostar" ou "odiar"; fazia parte do trabalho que assumiu para si e sua família.

Comece cada dia respirando fundo e dizendo: "Tudo bem. Essa é a tarefa que preciso realizar." Que tarefa tem em mãos no momento? Qual é o objetivo para o dia de hoje? Uma vez definido, que tarefas e qual o prazo um chefe atribuiria para você alcançar? Pense na carga de trabalho como a de qualquer outro funcionário. Se é o chefe, pode tirar três horas para almoçar e fazer uma corrida. Todavia, se é seu funcionário, precisa ficar em casa, comer o que sobrou da noite anterior e finalizar as tarefas. Julgue a produção por meio da avaliação que daria a um funcionário, não por meio da liberdade como chefe. Isso significa que deve construir e sustentar uma mentalidade de funcionário.

Ponto de Ação

Descreva seu trabalho.

Uma pergunta que recebemos muito é sobre consistência. Estão sempre nos perguntando: "Como faço para me forçar a ser mais responsável?" Nós entendemos. Quando está nos estágios iniciais de um novo empreendimento, é mais fácil simplesmente empurrar as responsabilidades para o dia seguinte. Você já trabalhou o dia inteiro, fez o jantar, lavou a roupa, colocou as crianças na cama e ainda precisa se sentar para terminar mais uma tarefa. Se está trabalhando no próprio negócio em tempo integral, às vezes é ainda mais difícil. Há a sensação de que o tempo é infinito, logo pode realizar essas tarefas "mais tarde". É muito fácil deixar de fazer o trabalho, especialmente quando não presta contas a ninguém além de si mesmo.

Bem, a solução é se comprometer. E ter responsabilidade consigo mesmo. Observe cada aspecto do que quer realizar. Depois anote — tudo. Desde entrar em contato com potenciais clientes, parceiros e membros da equipe para fazer o orçamento e organizar a parte financeira do empreendimento até esvaziar as latas de lixo. Coloque em uma lista ou planilha para saber exatamente o que precisa fazer para ter responsabilidade.

Ao finalizar a lista, você conseguirá fazer uma descrição abrangente do seu trabalho. Inclui tarefas diárias, semanais e mensais. Agora imprima e coloque em um quadro de avisos, na geladeira ou plastificada sobre a mesa. Consulte essa lista, adicione o que precisar e, à medida que começar a trabalhar, corrija algumas tarefas, se necessário. Use as diretrizes para mantê-lo no caminho certo.

Eis um exemplo de uma descrição de trabalho para alguém que está começando um negócio paralelo e ainda trabalhando em tempo integral:

> Descrição do trabalho: formar uma equipe de marketing de rede com o objetivo de criar um fluxo de renda suficiente para que possa me aposentar do trabalho em tempo integral.
>
> Deveres e requisitos: autoaperfeiçoamento diário, prospecção de novos clientes/membros da equipe, mapeamento de todos os contatos, acompanhamento dos que foram contatados. Criar presença na mídia social para atrair novos clientes em potencial, agregando valor. Acompanhar todas as atividades diárias, semanais e mensais. Gastar um mínimo de dez

horas por semana, a princípio. Ser bastante específico sobre o cronograma para se dedicar às atividades.

Mais à frente neste livro, você verá uma planilha com um exemplo de como devem ser suas atividades do dia e seu diário de monitoramento.

> **Ponto de Ação**
>
> Avalie a si mesmo.

A cada três meses, siga essas diretrizes. Então faça uma autoavaliação honesta e abrangente. Você cumpriu todas as metas diárias? E semanais? Se fosse seu chefe, gostaria de mantê-lo na empresa por mais um ano? Você se daria uma promoção? Se não, por quê? Faça uma lista de todas as maneiras pelas quais não atendeu às próprias expectativas. E concentre-se nelas nos próximos três meses.

> **Ponto de Ação**
>
> Defina qual será o seu salário.

Exemplo do Diário de Monitoramento

Diariamente:

- Redes sociais (1 hora)
  Publicar vídeo ou conteúdo (um post ou um story no Facebook/Instagram); interagir com outras publicações.

  Falar com 10 pessoas para perguntar se estão interessadas em dar uma olhada no meu serviço (30 minutos).

  Manter um registro de todas as pessoas com quem falei. Agendar um dia para realizar o acompanhamento.

- Acompanhamento com 10 pessoas (30 minutos)
  Manter um registro de todos os acompanhamentos. Agendar um dia para retorno.

- Autodesenvolvimento (30 minutos)

	Rede social	Contatados	Acompanhados	Autodesenvolvimento
Segunda-feira				
Terça-feira				
Quarta-feira				
Quinta-feira				
Sexta-feira				

Semanalmente:

- Prática da Riqueza todas as quartas-feiras.

- Comemorar minhas conquistas todas as sextas-feiras.

- Verificação de responsabilidade: fiz o trabalho com o qual me comprometi? Se não fiz, qual o motivo? Como vou me manter no caminho certo no futuro?

Mensalmente:

- Rever metas
  Quais foram minhas conquistas?

Onde há espaço para melhorias? Quanto dinheiro quer ganhar? US$10 mil por ano? Ou US$20 mil? Que tal US$100 mil? Após decidir qual será o número, esse será seu novo salário. Anote-o. Como fica a divisão em relação à carga horária? Se trabalha 40 horas por semana durante 52 semanas, a US$50 por hora, isso equivale a cerca de US$100 mil. Esse é o valor que definiu? Se trabalha meio período, como ficaria o número? Faça as contas. E também anote o número.

Agora pense nesse salário como um chefe. Se estivesse administrando uma empresa, pagando essa quantia a um funcionário que faz exatamente o que você faz todos os dias, pensaria que ele vale tal remuneração ou carga horária? Alguém que ganha seis dígitos por ano iniciaria o dia às 10h da manhã e, depois, decidiria tirar três fins de semana prolongados seguidos? É claro que não. Mantenha o número em mente. E **mereça esse valor**.

Quando somos funcionários de outra pessoa e trabalhamos para colocar dinheiro no bolso deles, muitos de nós sentimos que devemos receber mais pelo que fazemos. É natural pensar assim. Entretanto, queremos que se coloque do outro lado desse cenário. Finja que precisa pagar alguém para realizar todo o trabalho que precisa fazer para que seu negócio seja bem-sucedido. Você pensaria: "Esse cara é ótimo; meu dinheiro está sendo muito bem gasto!" ou "Espere um minuto, esse cara não deveria estar fazendo mais pela quantia que estou pagando?" Como funcionário, você sempre quer ganhar mais dinheiro. Inverta isso, seja o empregador nesse cenário; finja que é quem está assinando a folha de pagamento.

> **Ponto de Ação**
>
> Estabeleça metas. E monitore as atividades.

A melhor maneira de fazer isso é escrevendo os objetivos sem dar a si mesmo qualquer espaço de manobra ou saída. É fácil deixar algo para o dia seguinte quando sabe que não haverá ninguém em cima pressionando. Você precisa criar essa pessoa por conta própria. Finja que está delegando o trabalho a alguém que receberá elogios por um trabalho bem feito. Finja que alguém o está observando e faça o possível para impressionar. Neste instante, saia desse cenário. Seja o mais verdadeiro possível. Se não for verdadeiro com relação a isso, será a única pessoa que sofrerá. E dê a si mesmo pequenas recompensas quando souber que fez um bom trabalho. Para Jess, às vezes era comer uma tigela de sorvete no almoço; outras, era começar o fim de semana um pouco mais cedo.

O capítulo seguinte tem tudo o que precisa para controlar cada parte do negócio. Use essas ferramentas regularmente para se manter responsável e ativo.

Passo 5: Crie oportunidades.

Outra parte crucial da mentalidade trata-se de estar aberto a novas oportunidades. Você pode ter a melhor atitude em relação à rejeição, a melhor ética de trabalho na prática, mas não terá nada a mostrar se não estiver disposto a agarrar as oportunidades que estão bem à sua frente.

Você está entrando em um novo capítulo de sua vida. Portanto, de fato, está se transformando em uma nova pessoa. Precisa abandonar quem costumava ser. Aquela que teria dito "não" a determinadas coisas, como uma oportunidade de venda incerta, um convite para um evento da empresa ou de networking. Essa pessoa nunca teria feito um curso de treinamento com alguém por meio das redes sociais. O seu novo eu, no entanto, tem a mentalidade para a oportunidade. Queremos que busque a sinergia em cada interação, o potencial que pode fazer seu negócio decolar ou quebrar. Você precisa se tornar essa nova pessoa que sabe tirar vantagem disso e está sempre de olho nas coisas boas que surgem pelo caminho.

Muitos tiveram diversas oportunidades na vida e as ignoraram porque não acreditaram que as mereciam ou porque não acharam que era o momento "certo". Alerta de spoiler: nunca é o momento certo. Apenas precisa saber aproveitar as oportunidades conforme surgem. É o momento de abandonar esse pessimismo no fundo da mente para se concentrar na oportunidade à sua frente. Uma nova mentalidade deve buscar aquilo que pode fazer em vez do que não pode.

As oportunidades estão em toda parte, se as estiver buscando. Trouxemos um de nossos amigos para o negócio. Ele colocou Ray no telefone com um de seus mentores, que é um investidor imobiliário e administra uma grande empresa de palestras. Ray aproveitou a chance para conversar. "Ei, já que você promove eventos, por que simplesmente não me encaixa em algum horário que ainda está vago para que eu possa apenas falar sobre nosso negócio e ver o que acontece?" Muitas pessoas do público juntaram-se à nossa equipe, o que resultou em mais receita para nós. Ray viu uma oportunidade de ficar frente a frente com quem normalmente não teria acesso. E não hesitou um segundo sequer. Você deve ter a mentalidade de estar sempre aberto a oportunidades.

No próximo capítulo, falaremos sobre como aproveitar ao máximo essas oportunidades. Também descreveremos algumas que, assim como outras pessoas, aproveitamos para ganhar dinheiro extra. Seja para levantar certa quantia ao começar aquilo que queremos fazer ou simplesmente alcançar uma meta específica estabelecida para nós mesmos.

REGRA Nº 6

PREPARE O TERRENO

Terminamos o capítulo anterior falando sobre a construção de uma mentalidade voltada para reconhecer e criar oportunidades. Neste capítulo, falaremos sobre como fazer escolhas entre essas oportunidades e construir um negócio em torno delas, que se adapte melhor à sua vida, às suas necessidades e à sua visão. Assim que você souber o que deseja fazer, mostraremos exatamente como fazer o que deseja.

Se vai começar a trabalhar por conta própria, precisamos ensiná-lo a acertar já na primeira tentativa. Não perca tempo seguindo o caminho errado. Queremos que ganhe mais dinheiro, porém sem sacrificar a vida para tal. Observar de perto como funciona a gig economy, além dos prós e contras de diferentes estruturas de vendas e marketing, é parte essencial para garantir o caminho que o levará diretamente até sua liberdade.

Quando Ray estava aprendendo a trabalhar com marketing de rede, pensou que o mais importante era o "tráfego" ou o número de visitantes no site. Não interessava quem, só queria que as pessoas o acessassem. O que ele não percebeu é que o tipo de visitante que você recebe precisa ser relevante para aquilo que está vendendo! Ray começou a fazer vídeos sobre qualquer assunto que chamasse a atenção na época (pistolas de batata, bocha, fobias, isso só para citar alguns), mas o produto à venda era voltado para a saúde. Obviamente, ninguém comprou, porque as pessoas que se interessam por pistolas de batata têm medo de aranhas ou não se importam, necessariamente, em ingerir bebidas antioxidantes! Quando reflete sobre isso, percebe que é uma lógica óbvia, porém muitas delas simplesmente constroem um negócio às cegas sem parar para se certificar de que estão no caminho certo. Nós mostraremos como cortar essa curva de aprendizado. E fazer da maneira certa.

Este capítulo aprofunda exatamente no que pesquisar, preparar e antecipar antes de iniciar um negócio por conta própria. Queremos que esteja o mais preparado possível para aprender com os erros e os passos errados dos outros, assim seguirá em frente com o máximo de força que puder. Continue a leitura para ver como delinearemos os diferentes tipos de oportunidades disponíveis. E como podem se adequar melhor ao seu estilo de vida atual. As opções disponíveis para nós há quinze, dez, ou até mesmo, cinco anos mudaram muito. Não fique para trás.

ENFRAQUECENDO AS BARREIRAS DE ENTRADA

Não importa se conhece pouco sobre tecnologia e mídias sociais ou se as usa desde o ensino fundamental; essa é a beleza da internet — está disponível a todos assim que estejam prontos para utilizá-la. Não há razão para fugir nem se sentir intimidado.

A internet e o acesso gratuito às mídias sociais transformaram completamente a forma como interagimos uns com os outros, como obtemos acesso às pessoas, como os outros podem ter acesso a nós e os próprios fundamentos de vendas e do comércio. Décadas atrás, quando alguém queria começar um negócio, geralmente alugava um escritório, comprava móveis novos, metros quadrados de espaço publicitário, anunciava os produtos ou serviços e esperava ver um retorno sobre os investimentos em algum momento no futuro. Atualmente, você pode não precisar de um escritório ou mesmo de funcionários. Basta ter uma conexão com a internet. O único limite existente é sua desenvoltura. (Se quiser saber mais sobre, um dos livros mais influentes na área é Trabalhe 4 Horas por Semana, de Timothy Ferriss.)

Caso seu produto ou serviço receber atenção — toda e qualquer —, você ganhará dinheiro. É preciso apenas fazer com que se interessem nele. Não é mais necessário ir de porta em porta para vendê-lo — não que não funcione, é que simplesmente não é mais a única opção, nem mesmo a principal. E não precisa ter um diploma em marketing para se autodivulgar a milhares de pessoas. Também não é preciso ter uma linha de produção, um estoque e uma rede de distribuição para vender um produto. Sequer precisa ter um!

Veja o caso de Ryan Kaji, o menino de oito anos que ganhou US$26 milhões em 2019 simplesmente fazendo críticas de brinquedos em seu canal do YouTube. Quem tem filhos pode já ser familiarizado com o jovem fenômeno. Ele é um crítico de brinquedos de 8 anos. Sua profissão é brincar com os brinquedos. E ele ganhou milhões em publicidade por meio dos vídeos. Mesmo há cinco ou seis anos, a maioria das empresas se perguntava se a mídia social fazia sentido como parte de seu departamento de atendimento ao cliente, marketing e divulgação, mas agora é considerada uma grande parte do funcionamento de qualquer empresa. Ryan logo ganhou a própria linha de brinquedos no Walmart e na Target, porque essas lojas sabem para onde os olhos das pessoas estão voltados e querem fazer parte do que Ryan está oferecendo. Essas lojas o pagavam para falar sobre seus brinquedos e direcionar o maior número de pessoas possível até seus pontos de venda. Ele vendeu a própria experiência com os brinquedos sem criar um único produto. Atualmente, consegue, estrategicamente, atrair o público em torno de um ponto de interesse, transformar essas pessoas em seguidores e, por sua vez, transformar esses seguidores em receita sem comprar um único metro quadrado de espaço publicitário.

A barreira de entrada é quase inexistente. Com bastante esforço e pesquisa, você pode ficar em frente a milhares de pessoas com apenas alguns cliques. Também pode fazer de maneira tradicional e ainda ganhar dinheiro. Mas, se não abraçar a internet e as mídias sociais por medo ou por se sentir intimidado, perderá uma tonelada de negócios. Vendas e marketing impulsionados por mídia social são o caminho que a maioria das empresas está seguindo. Isso não significa ser o único, porém definitivamente é o caminho do presente e futuro.

A primeira pergunta pode ser: "Tudo bem. Entendi, mas o que eu devo vender?" Reveja a lista de plataformas da Regra nº 3. O que escreveu? O que veio à sua mente imediatamente? No entanto, não foque apenas no produto. Na verdade, a maior questão aqui é: "Sobre o que sempre teve vontade de falar nas redes, especialmente se estiver com um orçamento apertado?" Ryan não fala sobre seguros de vida. Ele provavelmente nem sabe o que é isso. Mas sabe muito sobre brinquedos. Então, ele está falando com paixão e entusiasmo sobre o que sabe. Pelo que você é apaixonado? Responda a essa pergunta. Assim encontrará algo que poderá vender com paixão. Não precisa inventar uma novidade se não quiser. Pode vender quase tudo o que já está no mercado.

Digamos que adore pescar. Você poderia pesquisar os seus produtos preferidos de pesca e sobre os quais poderia falar. Descubra se é possível se tornar um vendedor ou franqueado de um produto que já usa e adora. Ou descubra se há uma maneira de obter algum produto semelhante para vender por conta própria. A melhor coisa sobre o tráfego das mídias sociais é que se pode ganhar dinheiro com um produto que não está totalmente alinhado com o qual está falando ou é apaixonado. Contanto que esteja construindo um relacionamento com o público e resolvendo um problema que estão apresentando. Uma vez que saiba quais são seus interesses, há muitas opções de "como fazer".

O seu público crescerá e confiará em você se estiver lançando conteúdo que os interessa de forma consistente. E ajudando-os a conseguir o que desejam ou aquilo de que precisam. A coisa mais difícil de fazer é conquistar essa confiança, porém, se investir tempo e esforço (e não necessariamente dinheiro), ela poderá aumentar com o tempo. Por exemplo, se adora malhar e posta vídeos dos treinos, as rotinas de exercícios e os planos de refeição de maneira consistente, pode criar um público que compartilha de suas necessidades, porque está dando ajuda. Pode, ainda, vender outras coisas que estão relacionadas diretamente a seus vídeos — vitaminas, suplementos, equipamentos e até mesmo matrículas em academias. Após construir esse relacionamento, pode recomendar um produto fora do planejamento de exercícios e refeições, como roupas ou livros, pois confiam em você. Oprah é um excelente exemplo disso. Ela começou com um talk show, construiu uma forte confiança com um grande público e a utilizou para vender de tudo — de livros a programas de emagrecimento dos Vigilantes do Peso. Obviamente, é um exemplo extremo, mas o princípio é o mesmo, não importa quão famoso você seja.

No passado, tinha que fazer reuniões em casa, ir a cafeterias, construir uma lista de contatos e ir a encontros de vinhos ou a jantares com essas pessoas para que comprassem de você ou quisessem fazer parceria. Não que as estratégias não funcionem mais; certamente ainda podem ser feitas, mas não precisa. É possível alcançar o mercado de forma mais direta, rápida e eficaz, com muito pouco investimento monetário de sua parte.

A seguir, entraremos em detalhes sobre como é o panorama atual, caso haja interesse na abertura de um negócio por conta própria. Após definir o terreno, falaremos dos passos que precisa seguir para começar com o pé direito.

SUAS OPÇÕES NO PANORAMA ATUAL

Se quer ganhar mais, quais são os objetivos? Se quer ganhar mil por mês, pode fazer facilmente comprando e vendendo coisas em menor escala. Entretanto, se quiser ganhar dezenas de milhares, centenas de milhares ou até milhões por mês, precisa saber o caminho que o levará até lá. Encontre o que deixa você confortável e ponha em prática. Se pretende vender coisas que, por acaso, já tem em casa, ótimo, mas saiba que não vai render milhões.

Também deve procurar espaços de alta alavancagem. Quando estávamos fazendo nosso negócio de marketing de rede crescer, havia clientes e representantes que tínhamos recrutado sete anos antes. E por causa da estrutura de comissões, conseguíamos ganhar dinheiro por meio de seus esforços e suas compras. Exatamente, o marketing de rede paga a receita residual de qualquer pessoa que seja colocada em contato com a empresa e os produtos. Isso é alavancar! Ao adicionar pessoas à equipe, você recebe comissões sobre as vendas delas. Na nossa empresa, por exemplo, essas pessoas estiveram comprando e vendendo produtos durante sete anos, ganhando dinheiro para elas e para nós durante todo esse tempo. O trabalho realizado, que pagamos por um mês em nosso negócio, literalmente nos deu retorno durante sete anos. É um conceito incrível.

Uma transação de baixa alavancagem é quando compra algo de alguém para vender obtendo lucro. Você só vai ganhar dinheiro uma vez. Não há renda residual. E não ganhará mais dinheiro por meio dessa transação. Nosso amigo Ryan, que faz vídeos sobre brinquedos, está tomando decisões de altíssima alavancagem. Ele posta um vídeo e arrecada centenas de milhares de dólares. Tenha isso em mente ao revisar e refletir sobre suas opções.

Marketing de Rede

O marketing de rede é um modelo de negócios no qual agentes independentes atuam como distribuidores de um produto ou serviço. Pode pensar nisso desta forma: você é um vendedor comissionado em uma franquia virtual. Se for capaz de formar uma equipe — ou seja, uma força de vendas sob sua responsabilidade —, também receberá comissões com base nas vendas dessa equipe.

O marketing de rede foi onde Jess e Ray encontraram o sucesso inicial. Após perder tudo no mercado imobiliário, Ray ingressou em uma empresa de marketing de rede. Logo em seguida, Jess também. Nós nos tornamos sua principal fonte de renda. Juntos, construímos a companhia usando, principalmente, plataformas de mídia social muito antes que a maioria das pessoas as tivesse descoberto. À medida que nos tornamos melhores e mais eficazes no marketing de rede, começamos a ensinar nossas estratégias a outras pessoas, o que nos levou à posição em que nos encontramos atualmente.

Sabemos, por experiência própria, que o marketing de rede é uma ótima maneira de começar a obter uma renda paralela. Os custos e as despesas gerais são baixos. E não há necessidade de alugar um espaço comercial. Além de ser possível fazê-lo no tempo que desejar. Não precisa se preocupar com a cadeia de suprimentos. Nem advogados que entendem de marcas registradas ou patentes. Além disso, o risco é baixo, devido à facilidade de entrada no mercado. É uma ótima maneira de começar a trabalhar em vendas e ver o que funciona e o que não funciona para você. Não precisa de um diploma — Ray não tem —, nem ser trainee por um ano antes de se aventurar por conta própria. Por meio do marketing de rede, está aprendendo as habilidades de que precisa em qualquer negócio: marketing, promoção e vendas.

No marketing de rede, você pode enfrentar muita rejeição, especialmente no início. Embora seja uma ótima maneira de praticá-la — agora sabe como é importante se sentir confortável com isso —, não dissemos que seria fácil. O marketing de rede desafiará completamente sua mentalidade em relação à necessidade de ser amado e agradar a todos. Também pode afetar na autoimagem, uma vez que existe certo estigma em torno disso na mente de alguns. Se, assim como nós, escolher o marketing de rede para trabalhar, não deixe que os pensamentos e os dizeres dos outros o impeçam de seguir em frente.

Ao trabalhar com marketing de rede, certifique-se de não confiar apenas em sua rede de contatos mais próxima. Não é porque começou a vender algo pelo qual é apaixonado que todos os amigos e familiares baterão na porta para comprar. Pense em um produto como pedaços de madeira serrada. Se começou a trabalhar em uma madeireira, não esperaria que amigos comprassem essas peças sem necessidade. Então, encontre quem precisa e venda para elas. Caso começasse a vender carne em bifes, por exemplo, esperaria que os amigos veganos comprassem um quilo por mês? É claro que não.

Muitas vezes, quando as pessoas começam a trabalhar com o marketing de rede, esperam que os conhecidos simplesmente as apoiem. Mas não presuma que deveriam comprar de você. E que tem o direito de pedir só porque os está agraciando com seu esforço empreendedor. Suponha que só comprarão se for beneficiá-los. Se não estiver transmitindo os benefícios de forma eficaz, ninguém o apoiará. Não se limite ao círculo de amizade mais próximo. Encontre seu público, quer já o conheça ou não. E comece a partir daí.

O melhor lugar para encontrar esse público são as redes sociais. Décadas atrás, você teria que ir ao shopping, a uma reunião da Câmara de Comércio ou a um Rotary Club para se expor a um grande grupo de pessoas. E ainda pode, é claro, mas hoje há muito mais opções.

Jess estendeu a mão a alguém sem olhar a quem, pensando nos benefícios de fazer uma conexão, não na rejeição que poderia encontrar. "Havia um cara no Facebook que eu simplesmente não conhecia, mas vi que tinha muitos contatos. Era um grande influenciador, alguém que claramente se deu bem no mundo das vendas, e estava trabalhando com serviços financeiros. Quando vi isso, foi intimidante. Mais do que intimidante. Especialmente porque ele era um homem mais velho. Mas pensei: 'Sabe, é apenas o Facebook. O que pode acontecer de ruim? Vou entrar em contato e aproveitar essa oportunidade'. Achei que o produto que eu estava vendendo tinha a ver com a profissão dele. Então não poderia haver problema entrar em contato.

"Então entrei em contato. E vejam só, ele acabou se tornando um de meus vendedores número um. Em 30 dias, vendeu US$250 mil em produtos da minha empresa. Depois que entrei em contato, ele acabou recrutando todos os agentes comerciais de seu escritório. Dessa forma, quando tomei a decisão de entrar em contato com uma pessoa, estava prestes a conseguir muito mais do que uma."

Outro exemplo é de um amigo que realizou uma mudança na carreira em um país completamente diferente, sem nunca sair de casa. Sua empresa de marketing de rede com sede nos Estados Unidos estava se expandindo para a Malásia. Assim que obteve essa informação, ele começou a entrar em contato com pessoas desconhecidas que moravam nesse país. Uma das pessoas que ele contatou o convidou para se juntar à equipe. Esse único indivíduo virou uma equipe com mais de 50 mil membros. Por meio desse contato com um estranho no LinkedIn, ele ganhou milhões e milhões de dólares. Claro, não acontece todos os dias. Mas ilustra como é fácil encontrar seu público online. Você não precisa vender apenas para os amigos do Facebook.

Nunca ignore uma oportunidade de expandir o negócio, mesmo que pareça óbvio demais para ser verdade. Lembra quando

Ray pediu um espaço para falar naqueles eventos imobiliários? Em um deles, um indivíduo da plateia se aproximou e disse: "Eu adoro marketing de rede e, honestamente, pensei que havia algo de errado comigo porque ninguém me procurava." Esse sujeito já era rico. As pessoas provavelmente o ignoraram porque imaginaram que nunca iria querer entrar no marketing de rede. Mas ele sabia o valor da renda residual. E tinha uma vasta rede de contatos. A lição a ser aprendida aqui é que você nunca sabe quem pode estar precisando do seu negócio. Ou quem esteja simplesmente aberto a ele.

Em vez de ficar sempre tentando alcançar um nicho, certifique-se de também procurar por pessoas mais abertas. Se não estiverem, não se preocupe. Isso cria um sentimento que é o oposto de desespero, onde pensa consigo mesmo: "Não preciso dessa pessoa, mas estarei dando bobeira se não perguntar."

Se está pensando em fazer parceria com outra empresa, queremos que tenha o máximo de informação possível. Não considere apenas o produto e/ou serviço e o quanto pode ganhar. Existem coisas muito mais importantes a considerar antes de fazer uma parceria. Os quatro critérios que devem ser observados são:

1. **Liderança.** Só porque alguém teve um enorme sucesso nos negócios, não significa que seja um bom líder ou o líder certo para uma empresa. Observe como o líder aborda seu mercado. Lembre-se de que eles não precisam ser apaixonados pelo produto, mas precisam ser capazes de vendê-lo. Não precisam ter uma história pessoal sobre o produto, apenas ser capazes de usar as histórias de outras pessoas. Como o líder de sua potencial empresa atua?

2. **Comunidade.** Olhe com atenção para a organização na qual está pensando em ingressar. Eles têm uma comunidade estruturada para poder se conectar ou será necessário criar sua própria comunidade do zero?

3. **Cultura.** A empresa tem uma cultura dinâmica e agressiva? Se você não é um produtor, se sente inferior ou é acolhido, aconteça o que acontecer? Observe o ambiente bem de perto e pergunte-se se consegue prosperar nele.

4. **Treinamento.** A empresa incentiva a investir em seu desenvolvimento? Fornecem treinamento externo para ajudar na construção de habilidades? Fornecem as ferramentas e as oportunidades ou apenas o jogam no fundo do poço? Certifique-se de que a abordagem deles funcionará para você.

É possível coletar essas informações por meio de uma conversa com a liderança e os representantes de vendas locais. Ou acessar as mídias sociais para ler sobre a cultura da empresa. Como é apresentada ao público e às próprias equipes internas? Após descobrir o enquadramento dela nesses critérios, este capítulo o ajudará a determinar se esse tipo de liderança, comunidade, cultura e treinamento é o mais adequado.

Marketing de Afiliados

O marketing de afiliados é encontrar um produto ou serviço — algo de que você gosta e é fornecido por outra empresa — e descobrir como direcionar o tráfego online para realizar vendas. Se decidir fazer isso, ainda recomendamos construir sua própria história com o produto. É muito mais fácil estar associado a algo em que acredita em vez de promover uma coisa com a qual não se tem conexão em troca de uma comissão.

Um exemplo de configuração do marketing de afiliados é a Amazon, cujo programa Amazon Associates está disponível na maioria dos estados norte-americanos. Por meio desse programa, é possível gerar o próprio link para praticamente qualquer produto disponível na Amazon. Se clicarem em seu link e comprarem, você ganha uma pequena porcentagem sobre a venda. Essa mesma pessoa pode comprar outros produtos ao mesmo tempo e também obteria uma pequena porcentagem. Certamente, existem programas de afiliados mais elaborados e lucrativos, mas é esse o conceito básico.

Gerenciamento de Mídia Social

Existem muitas empresas excelentes em sua atividade principal, mas péssimas no marketing de mídias sociais. Se sabe pelo menos um pouco sobre mídia social, pode ajudá-las cobrando um determinado valor. Se não sabe, não é uma habilidade muito difícil de aprender. Entender um pouco da área significa que pode ajudar muitas delas. E tudo isso da própria casa, trabalhando de acordo com o seu tempo.

As pequenas empresas sabem que precisam ser melhores em mídia social e publicidade. Você pode aumentar muito seu valor ao se esforçar um pouco mais para aprender os melhores métodos de mídia social e publicidade.

Não trata de pedigree. É sobre o que tem a oferecer. Sobre o que sabe, o que aprendeu e como pode ajudá-los. Existe uma grande oportunidade em estudar mídias sociais para ajudar as empresas com relação a isso. Atualmente, é muito fácil aprender suas estratégias eficazes.

Olhe para seu mercado. Encontre nele uma oportunidade. Mantenha uma mentalidade voltada a aproveitar as chances que aparecerem. E continue perseguindo uma, não importando quantos "não" receba. Você nunca sabe quando vai deparar com algo grande.

Agentes de Vendas Online

Quando os tempos estavam difíceis, Ray tentava ganhar algum dinheiro extra. Ele costumava procurar por itens em casa, passava os fins de semana fazendo vendas de garagem e verificava itens em liquidação nas lojas locais, a fim de encontrar algo que pudesse vender no eBay. A maioria das pessoas nunca gastaria tempo limpando o objeto, postando e gerenciando a venda de diversos itens dos quais deseja se livrar; essas são seu mercado. Você pode comprar coisas razoavelmente baratas ou se conectar com clientes em potencial online, por meio da criação e publicação de vídeos. Ou, ainda, encontrá-los pessoalmente. Ofereça-se para vender os produtos deles em troca de uma porcentagem sobre a venda. Muitas mulheres, apenas ao procurar por itens no armário que não usam mais, ganharam centenas ou até milhares por mês postando online. Existem diversos lugares para usar essa estratégia. Conforme lê este livro, descobrirá o eBay, Facebook Marketplace, aplicativos como Letgo e Poshmark, Amazon. E muitos mais vão continuar surgindo.

Dependendo da qualidade na rede de contatos e como a trabalha e a expande, isso pode se transformar em algo de tempo integral em casa. É dificilmente trabalhoso de replicar em grande escala porque está trocando seu tempo por dinheiro. Mas o risco é baixo. Eis uma ideia: se optar por um aspecto desse trabalho e criar mais alavancagem para seu tempo, pode gravar vídeos instrutivos sobre como outras pessoas podem fazer a mesma coisa. Um vídeo pode ser visto milhares de vezes, o que faz com que gere receita enquanto dorme. Uma transação só acontece uma vez, mas um vídeo ou um curso estará lá para sempre.

Invente o Próprio Produto

Um caminho que alguns escolhem é inventar o próprio produto. Encontre algo de que você e outras pessoas precisam. Algo que ama e deva inspirar paixão em você e nas pessoas com quem compartilha. Se tem uma ótima ideia, porém não sabe por onde começar, como fazer um protótipo etc., temos um recurso para isso. Após termos tentado descobrir por conta própria diversas vezes, criamos um conjunto de diretrizes para ajudar outras pessoas nesse processo.

A internet e as mídias sociais mudaram não apenas o marketing e as vendas para sempre, como também a produção e a distribuição. Você pode criar seu produto em lugares como a China por muito menos do que custaria em seu país. Ao obter materiais e mão de obra, tenha isso em mente ao calcular os custos.

Construa seu mercado e seu público à medida que desenvolve o produto. Inclua-os no processo. Eles se sentirão parte da equipe, especialmente se contribuírem com o negócio por meio de sites como Kickstarter e GoFundMe. Embora seja a escolha mais arriscada e trabalhosa, também pode ser a mais compensadora e gratificante.

Lembre-se: independentemente de estar sozinho ou com uma empresa parceira, é fundamental que conheça bem o terreno, para que não haja surpresas quando você arregaçar as mangas e começar.

Agora sabe o que há por aí. O que vem em seguida? O restante deste capítulo concentra-se em como fazer isso.

Passo 1: Escolha seu veículo.

Você escolheu sua plataforma na Regra nº 3. Agora é hora de escolher o veículo — o meio pelo qual transformará a plataforma em lucro. Observe as opções à frente. O que faz mais sentido para seus interesses e seu estilo de vida? Qual é a sua paixão? Sempre gostou de maquiagem e makeovers? Talvez vender uma linha de maquiagem ou produtos para a pele seja a coisa certa. É obcecado por mecânica? Observe o que a indústria automobilística pode proporcionar. Tornou-se uma especialista em vestuário de bebês quando teve os filhos? Aí está outro espaço de criação, venda ou comércio de itens. Exercícios, nutrição, culinária francesa; se ama e sabe tudo sobre isso, pode vender. Seja no eBay, por meio de uma afiliada, de sites como o Etsy ou uma empresa de marketing de rede; decida como vai ganhar dinheiro com a plataforma.

> **Ponto de Ação**
>
> Não procure o negócio perfeito, mas um que corresponda à seguinte pergunta: "Qual é a melhor escolha para mim neste momento?" O seu veículo pode mudar assim que começar a ver os resultados. Nós passamos do marketing de rede para o treinamento e o coaching até chegar onde estamos agora. Portanto, o primeiro veículo não será seu meio para o resto da vida.

Passo 2: Crie vídeos ou conteúdo online.

Não importa o que faça — não importa mesmo —, a primeira coisa que deve fazer é começar a criar vídeos ou conteúdo de texto online. Faça todos os dias ou todas as semanas, mas certifique de ser consistente, para que o público saiba quando e onde encontrá-lo. Se estiver gerenciando Airbnbs, faça vídeos desses imóveis, mostre às pessoas como eram por dentro antes e depois de arrumá-los. Então atraia quem queira alugá-los ou deseja iniciar o próprio negócio fazendo o que você faz. Se vende itens no eBay, converse sobre o que e como está fazendo. E dê alguns conselhos a outras pessoas.

Um conteúdo de qualidade contém algum tipo de demonstração. Um "antes e depois". Pense no que há de diferente em sua vida. No tipo de conteúdo enriquecedor que pode proporcionar. E leve o público para uma jornada. Realize entrevistas, vá a eventos que estejam alinhados com sua paixão, mostre como criou algo. As pessoas querem vivenciar a jornada com você. E aprender com ela. No exemplo dado sobre o gerenciamento de Airbnbs, mostre como fez a decoração dos lugares e fale como algumas práticas bem executadas transformaram uma listagem, trazendo melhores avaliações e mais interesse por seu serviço online. Se está falando de condicionamento físico, narre o progresso e no que sentiu dificuldade, apresentando todo o arco de sucesso.

> **Ponto de Ação**
>
> Crie seu primeiro conteúdo (pode ser um vídeo ou um texto longo). Compartilhe a jornada em que você está embarcando. E incentive as pessoas a segui-lo.

Passo 3: Pense como um profissional de marketing de informação.

Esteja sempre pronto para vender as ideias por trás do que está vendendo. Por exemplo, Ray tem um amigo corretor de imóveis muito bem-sucedido. Ray disse a ele: "Você deveria escrever um e-book sobre como vender imóveis com sucesso". Ele respondeu: "Bem, há muitas pessoas que são melhores do que eu. Por que os leitores comprariam um e-book de mim?" Ray explicou que seu alvo são as pessoas que querem fazer tão bem quanto ele ou querem aprender o que está fazendo. "Deixe os magnatas do mercado imobiliário terem os próprios livros", Ray disse. "As pessoas em seu mercado precisam de informações específicas que só você tem. Dê isso a elas. Carregue-os consigo em sua jornada. Não está procurando as pessoas que já fizeram o que fez; está procurando as pessoas que ainda não geraram os resultados que gerou." Mesmo que tenha feito apenas UMA venda, há um grupo por aí que ainda não vendeu nada. Mostre o que fez para realizar aquela venda; você ficará surpreso com a resposta!

Muitos aprendem como fazer coisas grandes, mas nunca perdem tempo para pensar como um profissional de marketing de informação; usam para atrair pessoas ou para, de fato, vender isso na forma de um e-book ou de um curso digital. Se olhar para nossa carreira, nos tornamos a principal fonte de renda em nosso negócio de marketing de rede. Isso, por si só, já foi ótimo. Mas muitos queriam saber como fazíamos, principalmente usando as mídias sociais. Então, começamos a elaborar cursos, treinamentos e livros sobre como trabalhávamos. Não apenas ganhamos milhões em marketing de rede; também obtivemos milhões em marketing de informação.

Se uma pessoa deu os passos necessários para ganhar uma pequena quantia no eBay ou como gestor de Airbnb, ela não está tentando derrubar um especialista que trabalha há trinta anos. Em vez disso, os vídeos servem apenas para os que estão começando e se juntando em sua jornada. Ou para aqueles que querem fazer algo igual em uma escala menor. Se está apenas iniciando, os que estão fazendo o mesmo podem se identificar ou achar interessante. Eles se veem em você.

É possível obter lucro sem ser o número um em algo. Muitas pessoas podem se identificar mais com você por ser parecido com elas. Você pode ter acabado de começar a gerar resultados, mas elas também estão interessadas em saber como fazer isso.

Esse passo anda de mãos dadas com o Passo 2. Conforme avança na jornada, use os vídeos anteriores para contar sua história. Quando está apenas começando e ainda não obteve grandes resultados, provavelmente não conseguirá atrair pessoas de um ponto de vista informativo. No entanto, se tirar print dos primeiros vídeos que quase não tiveram nenhuma visualização, por exemplo, chegará um momento onde não acreditarão que não teve nenhuma visualização. Use como outro ponto de aprendizagem. Documente tudo desde o momento que começar. E use esse material no futuro, quando perguntarem como começou. Muitas pessoas dizem: "Bem, quem diabos quer assistir meus vídeos? Não alcancei nada. Não criei nada." Pode não ter realizado nada ainda, mas pense como um profissional de marketing de informação. Saiba que cada parte de sua jornada será de interesse de outra pessoa.

Podem não querer comprar nada neste momento, mas adoram uma jornada. Adoram assistir a programas como O Grande Perdedor e American Idol. Leve-as para uma jornada. Caso esteja optando pela venda de garagem/comércio eletrônico, diga: "E aí, pessoal, hoje vou atrás da minha primeira venda de garagem. Me desejem sorte. Não tenho certeza do que vou encontrar, mas vem comigo e digo no que deu." Não precisa ter muitos seguidores para começar a se apresentar como um negociante de informação e profissional de marketing inteligente.

Ponto de Ação

Comece a documentar sua jornada: os altos e baixos; as confusões e frustrações. Depois, conforme crescer, será muito útil para você e seu crescente número de seguidores.

Passo 4: Aprenda com os outros.

Parte da criação de conteúdo é fazer o melhor para encontrar pessoas que já são bem-sucedidas ou que conhecem bem o caminho que está escolhendo. Verifique se topariam dar uma entrevista ou se aceitariam encontrá-lo para um almoço. Se possível, tente colocar pelo menos parte disso em um vídeo. Quando Ray começou a carreira no mercado imobiliário, não sabia nada sobre imóveis. Então começou a perguntar das pessoas bem-sucedidas na área e a procurá-las. O objetivo era almoçar, pelo menos uma vez por semana, com alguém mais bem-sucedido no mercado imobiliário. Assim, simplesmente entenderia como a mente da pessoa funcionava.

"Se eu entendesse a internet da maneira como entendo hoje, ainda participaria daquele almoço semanal. Mas, no final do encontro, faria uma destas duas coisas. A primeira seria um breve vídeo recapitulando o que aprendi durante o almoço, como: "E aí, hoje me encontrei com Joe do Morgan Stanley, e ele compartilhou essas três informações comigo." Então faria uma pequena recapitulação do que aprendi e os levaria comigo nessa jornada no meu vídeo. Ou entrevistaria Joe com a câmera ligada: 'Joe, se importa se fizermos um vídeo bem rápido? Posso fazer algumas perguntas, dar um pouco de visibilidade a você e permitir que algumas pessoas o conheçam melhor.' Assim, meu almoço ganharia alavancagem. Posso postar esse vídeo que ficará na rede para sempre, obtendo cada vez mais visualizações. Se tem alguma maneira de começar a se conectar com os mais bem-sucedidos online, isso obviamente irá ajudá-lo. E as pessoas talvez conheçam Joe, mas não você. No entanto, começarão a segui-lo porque estava com ele."

> **Ponto de Ação**
>
> Pergunte a cinco pessoas na área que deseja atuar se topariam participar de uma entrevista. Veja se consegue um "sim". Depois, grave um vídeo ao vivo em sua plataforma de mídia social favorita. E faça perguntas que possam ser do interesse de seu público crescente.

Passo 5: Retorne à sua visão.

Volte para a visão que você articulou na Regra nº 3. Comprometa-se com o que deseja. O que espera ganhar? Trabalhar em casa em tempo integral? Ajudar seu cônjuge a se aposentar? Antes de mergulhar no meio escolhido, volte à Regra nº 3. Veja o que escreveu sobre sua visão. E lembre-se por que está fazendo isso.

Para Ray, era algo pessoal. "Lembro-me de quando Jess saía para trabalhar todos os dias; odiava a sensação de estar em casa enquanto ela estava na rua nos sustentando. Isso fez com que eu me sentisse muito mal. Queria que pudesse deixar o emprego que ela detestava. Eu sempre voltava a essa ideia enquanto fazia minhas escolhas sobre o que queria vender, como queria registrar para compartilhar minha jornada e quanto tempo queria dedicar ao marketing de rede." Mantenha a visão na frente e no centro. Deixe que ela o guie. Conforme cada passo à frente, certifique-se de que o conteúdo e a visão estão alinhados. "Eu queria me tornar o tipo de pessoa que pudesse cuidar da família e, francamente, mimar minha esposa."

Ponto de Ação

Rememore sua visão. Lembre-se por que você começou. E reflita aonde gostaria de chegar.

REGRA Nº 7

CRIE HÁBITOS DE SUCESSO

Quando você é o próprio patrão, não tem ninguém em cima verificando se está tudo certo. É preciso se disciplinar para definir metas, estabelecer um cronograma adequado e entender como todos os aspectos do negócio funcionam. Nos capítulos anteriores, falamos sobre como obter a mentalidade certa e as ferramentas que pode usar para ser responsabilizado por suas tarefas. E assim permanecer. Você tirou as ervas daninhas do caminho e começou a se sentir mais confortável ao falar sobre dinheiro. Procurou conhecer bem o terreno e definiu as expectativas. Neste capítulo, vamos juntar tudo isso para conversar dos hábitos que deve criar. E o que evitar para manter-se comprometido com as responsabilidades — e entrar, de fato, no ritmo certo.

O MÉTODO OPERACIONAL DIÁRIO (MOD)

O seu método operacional diário não é algo elaborado em um momento futuro. Não é algo que pode fazer algumas vezes e deixar de fazer em outras. O MOD é parte integrante de seu sucesso tanto quanto sua mentalidade, visão, capacidade de falar sobre dinheiro e do quão bem conhece seu negócio. A essência do MOD é a consistência. Pode estar tão preparado e motivado quanto as pessoas mais bem-sucedidas existentes, mas não adianta nada se não fizer o trabalho.

Quando Ray começou a jornada para abrir o próprio negócio em casa, comprometeu-se a fazer três coisas diariamente. Primeiro, a gravar pelo menos um vídeo por dia, o que permanece fazendo desde o dia 15 de julho de 2009. Segundo, queria alcançar um determinado número de pessoas todos os dias; para ele, foram os 20 "nãos". Terceiro, buscaria o desenvolvimento pessoal de todas as formas possíveis. Muitas pessoas abraçam o aprendizado, a prospecção ou o marketing, mas poucas abraçam o aprendizado, a prospecção e o marketing. Esses três elementos tornaram seu sucesso inevitável. Pergunte a si mesmo: "Se eu levar minha jornada e minhas metas a sério, o que eu poderia fazer para tornar o sucesso inevitável?" É preciso ser capaz de nos contar qual é o seu método operacional diário para fazer com que digamos: "Sim, vai funcionar." Ninguém ouve a história de Ray e afirma: "Ah, então você fez um vídeo por dia, conseguiu obter 20 "nãos" nesse período e trabalhou em seu desenvolvimento pessoal todos os dias. E funcionou? Não consigo acreditar." Eles sempre dizem: "Ah, sim, isso é o suficiente." Qualquer coisa a menos que isso não é o bastante.

As pessoas estão cientes do que é preciso fazer para ter sucesso; a maioria simplesmente não está disposta a fazer algo no intuito de alcançá-lo. Queremos que se comprometa com o que o tornará bem-sucedido. E saiba que haverá dias no qual sentirá que simplesmente não é possível. Mas siga em frente. Lembre-se de sua visão. Do impacto que deseja causar. E do que será capaz de fazer por aqueles ao seu redor quando for bem-sucedido. E, o mais importante: seja consistente.

> **Ponto de Ação**
>
> Crie sua primeira lista no Método Operacional Diário. Certifique-se de que as tarefas possam ser totalmente realizadas em meio período, principalmente se estiver começando.

CRIE BONS HÁBITOS

Adquirir bons hábitos cedo será um fator importante para o sucesso. Na primeira parte deste capítulo, descrevemos os passos que precisa seguir para começar com o pé direito. Não perca tempo com tentativa e erro, nem resolvendo os seus erros. Fizemos o trabalho pesado por você, por isso destacamos nossas experiências a seguir.

No capítulo seguinte, ainda trataremos de mais detalhes sobre as ferramentas exatas que precisa para ter sucesso, incluindo cronogramas, checklists e diretrizes de mídia social. Neste, vamos nos concentrar em ajudá-lo a criar bons hábitos para construir o alicerce do futuro trabalho.

Passo 1: Concentre-se na atividade de curto prazo, e não apenas nos resultados de longo prazo.

A primeira coisa é começar a definir metas de atividades, não de resultados. Nos negócios — especialmente quando se está começando — você deve praticar a paciência. Se as coisas começarem a pipocar logo no início, será realmente maravilhoso. Contudo, na maioria das vezes, leva tempo para entrar no ritmo. Você pode estar trabalhando duro, mas sentir que não está progredindo em nada, o que é desanimador. Nós entendemos. Mas se continuar se expondo, (a) prospectando e alcançando as pessoas, e (b) fazendo marketing de si mesmo e do produto, terá retorno. Mesmo que não seja capaz de controlar exatamente quando. Queremos que se concentre no que consegue controlar, a sua atividade. Embora seja aplicado a qualquer carreira, é especialmente verdade quando se é um empresário que trabalha para si mesmo.

Ponto de Ação

Queremos que defina as metas de atividades para a semana todas as segundas-feiras. Não liste os resultados que quer ver até o final da semana, também escreva quais você realizará até o final da semana. Quais são as que pode controlar? Com quantas pessoas entrará em contato? Quantas pesquisas de marketing serão feitas? Não pense "Com quantos clientes fechará negócio?", mas "Com quantas pessoas entrará em contato?". É importante saber essa diferença.

Diversas pessoas nos disseram, ao longo dos anos, que estabeleceram uma meta para obter determinado número de clientes. Em seguida, ficaram decepcionados e desanimados quando não alcançaram essa meta específica. É natural querer desistir quando depara com um resultado assim. E muitas delas desistiram. Quando dissemos para passarem a focar nas metas de atividades, sentiram que era muito mais libertador e conseguiram assumir o controle novamente. Você obterá resultados se realizar as metas de atividades de forma consistente o suficiente. Nós prometemos. Embora não possa ditar a rapidez com que vai gerar resultados, pode impactar muito ao realizar a atividade de maneira consistente.

Essa abordagem não é boa apenas para sua produtividade, é excelente para sua moral. Imagine um checklist semanal de metas de atividades. É o único responsável por finalizar cada uma dessas tarefas até o final da semana. Cada vez que riscar uma, virá a sensação de realização. Nem sempre é possível dizer o mesmo sobre os objetivos de resultado, onde há outras pessoas envolvidas, cada uma desempenhando um papel. Retome o controle. E concentre-se nas atividades.

Pense em alguém fazendo dieta. O objetivo pode ser perder 2,5 quilos em um mês, mas as metas de atividades podem ser cortar o açúcar, beber água todos os dias e limitar-se a beber dois copos de vinho por semana. Se essa pessoa se concentrar na atividade, e não no número exibido na balança todos os dias, perderá peso. É preciso apenas ter paciência.

Não foi diferente para Ray. "Quando comecei a fazer vídeos, comprometi-me a produzir um por dia. Nos primeiros seis meses, simplesmente não estava obtendo nenhum resultado. Quase ninguém estava assistindo nem acessando meus vídeos. Todavia, se observar os resultados do ano seguinte, verá que eu já estava gerando milhares de leads. Se você tivesse avaliado meu progresso nos primeiros seis meses, teria dito: 'Isso não faz sentido algum', porque não fazia mesmo. Mas sabia que, se persistisse, obteria os resultados que desejava. E foi o que fiz. Eu estava mais comprometido com a atividade do que o resultado imediato ou a rapidez na obtenção de resultados futuros."

Outra maneira de concentrar nas metas da atividade em vez dos resultados é encontrar alguém que já fez essa jornada, para analisar o caminho percorrido. Estude-o. E aprenda com isso. Saber que outra pessoa percorreu o mesmo caminho que você deseja trilhar, e alcançou o sucesso, o ajudará no processo. É difícil ser disciplinado o suficiente para gravar um vídeo por dia, todos os dias, sem ver os resultados. No entanto, Ray conseguiu; persistiu, rendendo frutos. Se ele conseguiu, você também consegue. É por isso que adoramos compartilhar histórias de sucesso com resultados lentos. Harrison Ford trabalhou como ator por mais de uma década antes de conseguir um papel principal. Uma de nossas clientes, Amy Murphy, colecionou fracassos durante 17 anos antes de conhecer nosso treinamento de mídia social para progredir, ganhando um milhão de dólares. Saiba que, se continuar fazendo suas atividades, obterá resultados em sua vida, mas pode ser que não aconteça esta semana. Seja mais viciado na atividade do que em resultados rápidos.

Reveja o veículo escolhido por você no capítulo anterior. Existe alguém que pode se tornar o seu mentor, mesmo à distância?

Ponto de Ação

Pesquise nas redes sociais, no Google ou pergunte às pessoas. Provavelmente, conseguirá encontrar na internet o nome ou o perfil de alguém que fez o que você quer fazer, isto é, se essas pessoas não vivem em uma gruta.

Lembre-se, essas pessoas nem sempre tiveram o sucesso que têm agora, pois tiveram que começar de algum lugar. Assim como você. Não olhe apenas o sucesso delas; olhe para suas histórias de vida desde o início e todas as metas de atividades que as definiram para chegar até aqui. Concentre-se nas histórias; isso pode fazer com que manter a disciplina fique mais fácil, pois sabe que há uma luz no fim do túnel. Veja o excelente exemplo de J. K. Rowling. Ela não se concentrou só na meta de ter a obra publicada; concentrou-se em escrever tanto quanto podia, todos os dias. Focou em terminar um capítulo de cada vez, em enviar manuscritos a diferentes editoras. Seu sucesso não veio da noite para o dia. Ela levou anos escrevendo e recebeu 12 cartas de rejeição de diferentes editoras antes de obter o "sim" de uma delas. Estude a disciplina de quem admira, não apenas os resultados que obtiveram. Nunca terá tanto sucesso quanto J. K. Rowling, a menos que imite sua disciplina e sua ética de trabalho.

Passo 2: Continue investindo em seu maior ativo: VOCÊ.

Adquira o hábito de se considerar seu maior patrimônio. Comece o dia anotando três coisas pelas quais é grato. Gaste, no mínimo, 15 minutos com desenvolvimento pessoal (ouvir um podcast, um audiolivro, ler algo que gostaria de aprender mais, fazer exercícios — ou, melhor ainda, fazer exercícios enquanto ouve um podcast ou um audiolivro). É importante estar sempre aprendendo, porque é um ativo que pode vir a gerar centenas de milhares, milhões ou bilhões caso investido de forma adequada. Quando Ray tinha uma casa em execução hipotecária, estava falido, com um milhão de dólares em dívidas e sendo perseguido por cobradores. Ele basicamente aprendeu como comercializar a si mesmo e seu produto por meio de vídeos gratuitos do YouTube. Era tudo o que podia ter no momento. Os vendedores estavam cortando os cartões de crédito de Ray bem na frente dele; comprar um curso ou, muitas vezes, até mesmo um livro não era uma opção naquele momento. Mas o investimento pequeno e informal valeu a pena.

Mesmo se não tem nada, ainda existem maneiras de investir em si próprio. Basta buscar as oportunidades. À medida que começamos a ganhar dinheiro, passamos a investir cada vez mais em nós. Primeiro, um curso. Depois, coaches e mentores, que foi a melhor decisão já tomada. Ainda hoje, separamos uma porcentagem de tudo o que ganhamos para investirmos em cursos e coaches. Não importa o que façamos, investimos na redução da curva de aprendizado. Essa abordagem tem sido a maneira mais rápida de obter crescimento.

> **Ponto de Ação**
>
> Encontre um vídeo ou um livro gratuito online sobre desenvolvimento pessoal em seu setor. E reserve um tempo para assistir ou realizar a leitura.

Passo 3: Estabeleça um cronograma que se encaixe no tempo que você tem, e não no tempo que *deseja* ter.

Se não consegue construir um negócio em meio período, não será capaz de construí-lo em tempo integral. A falta de tempo não impede alguém de ter um negócio paralelo, é o fato de não usar bem esse tempo. Se não aproveitar ao máximo uma ou duas horas extras por dia, como aproveitaria ao máximo seis? Conhecemos muitas mães de filhos com mais de 3 anos que fazem malabarismos para manter dois ou três empregos e, ainda assim, conseguem dar conta dos trabalhos paralelos. Sabemos que não têm muito tempo livre; ninguém tem. Apenas é preciso aprender a usar do que dispõe da maneira mais eficiente possível.

Para Ray significou mudar os hábitos diários. Ele parou de ouvir música no caminho para o trabalho e do trabalho para casa. Em vez disso, passou a dar telefonemas ou a ouvir programas de desenvolvimento pessoal para tentar melhorar o que queria concretizar. Ray também parou de ficar à toa no intervalo ou reclamando do chefe e do trabalho com os colegas durante o almoço. Consequentemente, trazia o almoço de casa, engolia a comida e começava a trabalhar nas ligações ou no acompanhamento de seus leads de vendas ativos. Sabia que precisava mudar se quisesse que sua vida mudasse também. Ele reservou cada minuto conseguido, então fez o cronograma atual funcionar de novas maneiras.

Se trabalha muitas horas por dia, deve descobrir como cumprir as metas de atividades no tempo à disposição, portanto pare de adicionar horas em seu dia e reorganize o que já tem. Se tem um filho bebê, talvez consiga espremer uns trinta minutos ao trabalho na hora da soneca. Ou talvez possa se levantar da cama trinta minutos mais cedo ou ficar acordado por mais trinta minutos à noite, dependendo do período que funciona melhor. Consiga audiolivros para ouvir na academia ou no carro. Desse modo, concentre-se no tempo que você tem e não no que não tem.

Por exemplo, quando Ray estava começando, havia um cara em sua equipe que entendia, de fato, esse conceito. Sua atividade diurna era trabalhar para uma construtora que costumava ter 140 pessoas na equipe. Com o passar do tempo, muitos se demitiram ou foram demitidos, e esse membro da equipe de Ray foi um dos últimos a deixar a firma. Ele tinha três filhos, trabalhava noventa horas por semana, e sabia que esse ritmo e essa carga de trabalho não eram saudáveis. A única saída era montar o próprio negócio em casa. E, se queria escapar da carga de trabalho atual e do compromisso de tempo, era preciso ser criativo com o pouco que restava. Logo, ele começou a prospectar pessoas no posto de gasolina enquanto abastecia sua caminhonete.

Lembre-se, esse homem com três filhos trabalhava noventa horas por semana. Ele tinha todos os motivos do mundo para não conseguir fazer isso, mas conseguiu. Quando precisava encher o tanque de combustível da caminhonete, procurava intencionalmente postos de gasolina lotados. Não ia ao mais vazio; queria o mais cheio, porque, enquanto abastecia, podia chamar o cara na outra bomba para conversar: "Opa, e aí, meu amigo. Que carrão! Já pensou em ganhar uma renda extra em casa?" E, vejam só, os esforços foram recompensados. Ele estava conseguindo ganhar cerca de US$1.500 a US$2 mil extras por mês.

Outro amigo em San Antonio trabalhava como motorista de Uber para sobreviver enquanto montava o negócio paralelo. Ele estava passando tanto tempo no carro que decidiu usar a seu favor. Enquanto dirigia, conquistou mais de 50 clientes para o empreendimento, apenas conversando com os passageiros. Ganhou o suficiente para parar de trabalhar para a Uber, mas continua mesmo assim, porque os passageiros são sua maior fonte de receita de clientes!

É claro que, atualmente, não se deve descobrir maneiras de conhecer alguém pessoalmente, porque todos nós temos a mídia social. Agora temos acesso muito mais fácil ao maior número de pessoas que se possa imaginar. E queremos que faça uso disso. No final do dia, não importa qual seja sua atividade; para ganhar dinheiro, terá que falar com as pessoas. Porque é nelas que está seu dinheiro: nas mãos de outras pessoas. Você tem algo de que precisam; deve apenas ser capaz de dizer. Precisa encontrar uma maneira de pedir que comprem o produto ou serviço, que deem uma oportunidade, seja qual for. Independentemente de vender uma ferramenta, um serviço ou um produto de marketing de rede, é imprescindível falar com as pessoas. O motorista de Uber e o homem no posto de gasolina não usaram seu tempo precioso para planejar o que diriam; foram em busca de quem pudesse oferecer o que tinha.

> **Ponto de Ação**
>
> Abra uma conta em uma rede social direcionada ao negócio — se ainda não tiver uma. Depois poste algo. Qualquer coisa.

Pode ser um vídeo pessoal, uma enquete para atrair novos clientes, elogios dos clientes atuais a você ou a seu produto. Comece se conectando agora mesmo. Comece a postar sua jornada nas redes sociais. Compartilhe os objetivos, as metas e o que está fazendo para alcançá-los. Essa será a forma mais rápida de atingir o maior número de pessoas. Todos os almoços e as ligações frias de networking não proporcionarão esse tipo de exposição. Depois que começar a descobrir o que funciona e o que não funciona para você, dedique a atenção ao que funciona. Então expanda isso. E trabalhe da maneira mais inteligente, não mais difícil. Gaste o tempo que possui para obter o máximo de resultados possível.

Passo 4: Aprenda como sua empresa funciona.

Para ter sucesso, primeiro deve entender de onde vem o dinheiro e no que está sendo utilizado. Não se inscreva em um plano ou um serviço de marketing e contabilidade para presumir que tudo está indo bem. Faça um cronograma para analisar cada ponto de saída e entrada. E continue assim por tempo suficiente. Logo isso se tornará um hábito que o ajudará a economizar milhões.

Quando estiver começando, mantenha um orçamento tão apertado quanto possível. Como dissemos antes, não saia do orçamento gastando com o que não pode. Não compre um novo computador de US$2 mil. Não encomende centenas de cartões de visita. Não alugue um espaço para montar um escritório. Até pode sentir que está trabalhando — na verdade, sentir é melhor ainda do que se estivesse —, mas está apenas enganado, pensando que está montando um negócio. Isso não é produtividade genuína. Não se está produzindo nada; pode ter todas as ferramentas, os dispositivos e os computadores do mundo; se não estiver se conectando com as pessoas, não ganhará dinheiro.

É essencial reconhecer os pontos fracos e fortes no próprio negócio. Ao detectar uma fraqueza, anote-a. E avalie se precisa ou não de ajuda para resolvê-la. Quando perceber que é bom em alguma coisa, concentre-se nisso o máximo que puder. Se tentar realizar muitas atividades ao mesmo tempo, vai acabar ficando esgotado. Contudo, se detectar quais são os pontos fortes e fracos, será capaz de afirmar: "Tudo bem, sei que é o que precisa ser feito em minha empresa todos os dias. De quais atividades posso dar conta sozinho? E em que preciso de ajuda?" Saber disso, e aceitar, o ajudará a preencher as lacunas. Se é bom em prospecção, mas ruim em contabilidade, contrate um contador para focar sua atenção na prospecção de mais clientes ou consumidores. Isso vai ajudá-lo a pagar por esse contador. E muito mais.

Nós mesmos fomos vítimas desse modo de pensar. Quando começamos a crescer, de fato, sabíamos no que deveríamos investir mais do nosso tempo e esforço. Nós nos apresentamos para os clientes, fizemos vídeos, sabíamos como fechar uma venda. Se houvesse um problema com algum deles, o resolveríamos imediatamente, porque sabíamos como era importante. Entretanto, se acontecesse um problema com as finanças ou com a folha de pagamento, colocaríamos isso em segundo plano e apenas manteríamos nossa rotina diária normal. Não queríamos lidar com isso e nem entendíamos. Não estávamos dedicando tempo para aprender e compreender cada parte do negócio. A nossa mentalidade era: "Ah, se ignorarmos esse problema, ele desaparecerá."

Como não entendíamos nada sobre a parte financeira do negócio, sequer olhamos e verificamos o que estava acontecendo com o contador e os fundos. Assim, acabamos descobrindo que o contador nos roubou US$60 mil em um ano. Foi devastador saber que todo aquele dinheiro ganho com tanto esforço havia sumido. Foi Jess quem percebeu que algo estava errado, então começou a aprender como fazer uma folha de pagamento. Logo descobrimos o que estava acontecendo. Apenas soubemos porque Jess dedicou tempo para aprender todos os aspectos relacionados às finanças. E nunca mais acontecerá conosco.

No fim das contas, foi uma excelente lição que nos custou US$60 mil. Jess entende melhor da contabilidade e de nossas finanças. E agora estamos trabalhando com uma empresa incrível, que trouxe um enorme valor para nós. Você não deve ignorar os detalhes só porque não gosta disso ou se sente desconfortável lidando com eles. Procure conhecer e compreender tudo com o que lida. Dessa forma, será capaz de identificar um problema, caso aconteça. Não apenas identificar, como também lidar.

> **Ponto de Ação**
>
> Faça uma lista de cada fluxo de receita e de cada despesa da empresa. Elabore um cronograma para monitorar o que entra e o que sai, bem como quando ocorre. Siga o cronograma até esse comportamento se tornar um hábito.

ABANDONE MAUS HÁBITOS

Construir bons hábitos é sempre obrigatório, mas é igualmente importante evitar os maus. Os passos a seguir garantirão que não se sinta confortável com os maus hábitos que podem arruinar sua empresa.

Passo 5: Pare de pensar como um funcionário corporativo.

No mundo corporativo, normalmente dizem o que fazer e como fazer. Em seguida, é avaliado pelo que faz, como faz e com que rapidez termina. Você passa o tempo todo tentando descobrir como resolver isso fazendo o mínimo de esforço possível ou como colocar a culpa de uma falha em outra pessoa. Nada disso acontece quando é um empresário.

Você pode desejar liberdade, ir atrás e consegui-la, mas precisa saber o que fazer com esse poder. Pare de pensar como um funcionário de uma corporação e comece a pensar como o CEO de uma grande empresa.

Finja que está pagando alguém para fazer o trabalho no qual deseja se destacar. Se é o chefe da empresa, gostaria de pagar um funcionário que não aparece com a frequência necessária? Gostaria de pagar alguém para dar desculpas? De pagar bem para fazer "apenas o suficiente" para não ser demitido? Ou gostaria de pagar uma pessoa consistente, que trabalha bastante e sempre faz seu melhor?

Trabalhe de acordo com as expectativas que estabeleceu para si mesmo. Seja o funcionário do mês todos os meses.

Sempre se pergunte: "Isso encaixa com as coisas que faço todos os dias? Eu deveria estar progredindo em direção às metas? Se fosse meu próprio empregado, me demitiria?" Se alguém aparecesse para trabalhar somente alguns dias por semana e fizesse apenas metade do que disse que faria, provavelmente demitiria essa pessoa. Agora que é chefe e empregado, precisa fazer tal autoanálise. Seja o funcionário conhecido por conseguir o aumento, as promoções, que sempre está presente. Se nem mesmo você se enxerga como o superstar da empresa, que faz o trabalho a ser feito, então simplesmente não atingirá nenhuma das metas importantes para o negócio.

Essa é a razão pela qual falamos para manter o trabalho atual, de período integral, enquanto descobre como administrar a própria empresa. Se acha que não está fazendo um bom trabalho por conta própria, então não está pronto para largar do trabalho de período integral — com uma renda estável e regular. Abandone os maus hábitos que adquiriu e aprenda a ser o empregado que se destaca. Dessa vez, o dinheiro vai para seu bolso, não para o de outra pessoa. É preciso ter certeza de que o ganho da renda no próprio negócio será tão regular quanto a que obtém no trabalho de período integral.

> **Ponto de Ação**
>
> Revise este capítulo, bem como alguns anteriores. Em seguida, escreva três coisas que se comprometerá a mudar. Esteja ciente dos maus hábitos e de como está gastando o tempo. Que hábitos trabalhará para eliminar? Quais bons hábitos implementará? Como pode usar melhor seu tempo?

Passo 6: Não caia na armadilha do perfeccionismo.

Não importa se gosta ou não de perfeccionismo, essa é uma forma de procrastinação. Podemos garantir que todas as coisas que fizemos não foram perfeitas no início. Por exemplo, quando lançamos nossa comunidade privada no Facebook, a Rank Makers, configuramos como um grupo privado. Ninguém conseguia encontrá-lo e o processo para inserir as pessoas não era bom, ou seja, estavam pagando pelo serviço, mas não conseguiam encontrar o grupo. Desnecessário dizer que ficaram chateadas. Foi preciso realizar muitas mudanças em nosso processo a fim de resolver isso. Todavia, atualmente temos mais de 15 mil membros pagantes no grupo. Se tivéssemos testado, planejado e testado novamente, teríamos levado uma eternidade para lançar essa comunidade. Seguimos adiante, detectamos que havia problemas e os corrigimos. Aprenda a seguir em frente mesmo se não estiver tudo perfeito. Muitos demoram para escolher a marca, o mercado-alvo ou nicho. Conheço quem leva anos somente para elaborar um slogan. E, durante o tempo de planejamento e aperfeiçoamento, não estão ganhando dinheiro algum. Não estão sendo produtivas. Não estão vendo resultados reais e tangíveis. Não estão fazendo a diferença da maneira que gostariam. A realidade é que você não consegue ter uma boa ideia apenas pensando nela. Precisa ir às ruas. Precisa começar a trabalhar para descobrir: "Eu gosto disso? Faz sentido? Ou estou totalmente deslocado?" É difícil fazer isso enquanto apenas esboça algumas ideias. É muito difícil determinar se é o movimento certo ou não com base só nos pensamentos. De certa forma, é preciso entrar na lama para se sujar e rolar nela com mais frequência.

> **Ponto de Ação**
>
> Dê o primeiro passo da nova ideia, mesmo sabendo que não tem tudo planejado. Se ainda não sabe qual é a ideia, a seguir podemos ajudá-lo a descobrir.

Passo 7: Pare de aprender demais.

Sempre será mais confortável na biblioteca. Pode passar anos enfiado em um livro, estudando, aprendendo e lendo sobre o que outras pessoas fizeram. Não estamos dizendo que não deveria estudar todos os dias. Deve trabalhar no desenvolvimento pessoal sempre. Porém, não é a única coisa que deve fazer. Apenas estudar e não agir não é ser produtivo. Não gera resultados.

Não invista tempo demais estudando antes de fazer o trabalho que é efetivamente necessário para sua produção. Em vez disso, alcance as pessoas, conecte-se com elas e faça seu marketing. É comum dizerem o quanto estão trabalhando e se gabarem de quantos livros leram e de quantos estudos de caso memorizaram. Mas, na verdade, o que estão fazendo nunca resultará em sucesso, porque não estão fazendo nada além de estudar. Conhecimento não é poder; é poder em potencial. Se não estiver agindo, simplesmente não receberá as recompensas desejadas. O conhecimento é um poder em potencial, mas o comprometimento também. No capítulo seguinte, falaremos mais sobre como se comprometer e seguir em frente.

REGRA Nº 8

NÃO PLANEJE, AJA: COMO USAR FERRAMENTAS PARA GARANTIR RESULTADOS

    Não queremos que apenas visualize a vida que deseja ter; mas que corra atrás. Quando estava muito endividado e não conseguia dar aos filhos ou a Jess as coisas que desejava tão desesperadamente, Ray punha em prática sua visão de sucesso. Investiu no desenvolvimento pessoal, prospectou até ouvir "não" pelo menos 20 vezes por dia e se comprometeu a criar vídeos todos os dias. Não houve um dia no qual não fizesse todas as três coisas. Esse era o seu método operacional diário (MOD). Desde então, nossos MODs evoluíram em conformidade com a empresa. E também acontecerá com os seus.

Este capítulo trata das ferramentas de que precisa para conseguir a vida que deseja. Você encontrará exemplos bastante detalhados de cronogramas, rotinas, MODs e checklists. Também mostraremos que precisa dar adeus ao perfeccionismo se quiser ter sucesso. Em vez de começar buscando os degraus mais altos, concentre-se no primeiro, depois no seguinte e, após, no degrau acima. Mostraremos como agir em vez de apenas planejar as ações.

AJA AGORA, RESOLVA OS PROBLEMAS DEPOIS

Este capítulo o levará aonde precisa ir o mais rápido possível, sem se prender à ideia de "perfeição". No entanto, há um alerta. Embora as ferramentas que disponibilizamos ajudem a se manter no caminho certo, a última coisa que queremos que faça é planejar uma rota que leve a uma grave procrastinação. Não se deixe sobrecarregar por ficar pensando em todas as ferramentas à disposição para, em seguida, permitir que esse sentimento o impeça antes mesmo de começar. A sua receita é o seu negócio. Fechar vendas e transações, também. Fazer listas, não. A receita sempre será a prioridade máxima. Lembre-se de que ela deve ser a meta principal, pois permite (a) começar a mudar de vida e ter mais recursos, isso possibilita que dê mais de si, explore mais opções, tenha mais força, e (b) começar a fazer com que as pessoas levem mais a sério seu serviço, produto ou a oportunidade que está sendo oferecida. Se descobrir que trabalha o dia todo no planejamento, mas não está, de fato, dando telefonemas nem falando com ninguém do campo de atuação, dê um passo para trás e pergunte a si mesmo por que está fazendo isso. Do que tem medo? O que está tentando adiar? Há ervas daninhas no caminho que precisam ser arrancadas? Reveja sua mentalidade e sua visão. Então realinhe-as conforme for necessário. Quanto mais se distanciar do caminho, mais difícil será voltar.

Após ter certeza de que está começando com o pé direito, é hora de dar a largada na corrida. Quando éramos iniciantes no marketing de rede, tudo se resumia a vendas. Não tínhamos um "plano de negócios" que levasse a fazer algo para, depois, o que viesse em seguida. Não perdemos tempo mapeando as eventualidades ou elaborando planos de emergência "para o caso" de dar errado. Não sabíamos como fazer isso; simplesmente não tínhamos todas as ferramentas ainda, então tomaríamos uma atitude para progredir, às vezes muito velozmente, ou lançaríamos algo sem pensar na ideia com tanta profundidade. Fizemos o melhor para não cairmos na inércia analítica, realizando ações sólidas. Assim, fomos capazes de corrigir os problemas à medida que surgiram.

Por exemplo, quando já trabalhávamos há alguns anos no negócio, gastávamos muito dinheiro com publicidade em mídias sociais. Mas continuamos a ganhar também. Por um ano, recebemos relatórios da empresa de publicidade informando que estávamos muito bem. E acreditamos neles. Por que não acreditaríamos? São supostamente profissionais, certo? Contudo, não estávamos monitorando precisamente para onde a renda estava indo e como isso estava contribuindo para nossa empresa. Não sabíamos que precisávamos de uma pessoa na equipe para monitorar a origem dos anúncios.

Quando começamos o monitoramento, descobrimos que, na verdade, não estávamos ganhando tanto quanto nos foi relatado. E, ao tomarmos conhecimento, começou a ser possível analisar onde deveríamos alocar o dinheiro para obter o maior retorno possível sobre nosso investimento. Agora os anúncios são extremamente lucrativos, mas provavelmente perdemos centenas de milhares de dólares nos estágios iniciais porque o monitoramento correto não estava sendo feito. Foi uma lição aprendida da maneira mais difícil.

A questão não era apenas onde estávamos alocando nosso dinheiro, mas também onde estávamos gastando nosso tempo. Quando começamos a treinar os membros da equipe, fizemos todo o trabalho de configurar as conferências, porém deparamos com problemas de software posteriormente. Acontecia aquela coisa chata: "Ah, droga, devíamos ter testado ou arranjado alguém que testasse, ou então contratado uma pessoa para conduzir as reuniões." Demos diversos treinamentos, fomos a diversos eventos, tentamos fazer a empresa crescer e estávamos enfrentando problemas de execução. Logo, procuramos na equipe por alguém que estivesse entregando resultados e trouxemos essa pessoa para conduzir, em nosso lugar, todas as conferências de treinamentos.

Quando vendemos o primeiro curso digital, nem pensamos em login ou senhas. Não ocorreu tentar configurar um sistema para que não pudessem compartilhar o curso com os amigos gratuitamente. Tudo o que sabíamos era que estavam comprando e recebíamos um feedback incrível sobre como as ajudavam. Desde então, temos nos concentrado em como podemos lucrar com algum produto ou serviço de maneira imperfeita para, em seguida, aprender como aprimorar esse produto ou serviço assim que os problemas surgirem. Muitos passam diversos anos tentando aperfeiçoar o produto ou serviço. E isso impede de seguir adiante.

A mentalidade de "mergulhar de cabeça" pode não ser a maneira "certa" de fazer as coisas, mas pode funcionar muito bem. Não analisamos demais cada etapa, nem pensamos demais em cada decisão. Nós mergulhamos porque era necessário. Tínhamos empréstimos e outras dívidas pairando sobre as nossas cabeças. Não tínhamos o luxo de nos perguntar: "E se agíssemos assim ou assado?" Simplesmente agimos para aprendermos.

Você também precisa estar pronto para agir e parar de somente planejar. Quando Ray já estava ganhando uma quantia substancial por meio da venda de imóveis, por exemplo, costumava encontrar os alunos nos seminários. Alguns participavam dos seminários e cursos há anos, mas nunca haviam feito uma única venda. Aprenda com esse exemplo tanto quanto está aprendendo conosco. Não fique parado planejando e pensando nas eventualidades. Faça o trabalho que precisa ser feito. E descubra o que melhor funciona à medida que avança.

CONFIE, MAS TAMBÉM FAÇA CHECAGENS

Tanto para o exemplo do monitoramento do dinheiro investido na publicidade de mídia social quanto para o exemplo dos problemas de software que encontramos nas conferências de treinamento, percebemos que não precisávamos fazer tudo sozinhos, mas precisávamos checar se estava correndo do jeito que gostaríamos. Verifique tudo. E ponha a equipe certa para realizar esse acompanhamento. Remete à ideia de conhecer bem seu negócio, por dentro e por fora. As ferramentas disponibilizadas neste capítulo o ajudarão a monitorar o que está acontecendo na sua empresa, para onde o dinheiro está indo e como está usando o tempo.

Um erro que muitas pessoas cometem quando começam a crescer é confundir microgerenciamento com checagem. Não microgerencie a equipe; faça o que você os contratou para fazer e concentre-se no crescimento do negócio. Verifique se estão fazendo o que solicitou. Em seguida, dê um passo para trás.

Permita que façam o que precisam fazer, para que possa focar em gerar receita. Nós aprendemos enquanto agíamos. Agora, tentaremos ensinar tudo o que sabemos para que você não tenha que passar por tudo isso partindo do zero. Não precisa reinventar a roda.

O CONCEITO "PREPARAR, FOGO, APONTAR" EM AÇÃO

Em seu livro Ready, Fire, Aim [*Preparar, Fogo, Apontar*, em tradução livre], Michael Masterson fala sobre realizar a execução dos planos ANTES de ter pensado em todos os cenários. Muitos de nós se sentem mais confortáveis na preparação pela preparação. É assustador se expor e produzir. Tudo é medo de ser rejeitado? De fracassar? Em caso afirmativo, lide com os medos. E saia da bolha. Não fique parado se preparando por se preparar, fazendo listas e tentando fazer com que tudo seja perfeito antes de lançar a ideia, o produto ou serviço.

Nosso negócio sempre foi "Preparar, Fogo, Apontar" em vez de "Preparar, Apontar, Fogo". Nós elaborávamos (e ainda elaboramos) um conceito que ajudaria alguém, para colocarmos essa ideia em prática sem ter todas as respostas — principalmente no início, quando éramos muito novos. E íamos aprendendo pelo caminho.

Às vezes, percebíamos: "Que droga, nunca pensamos nisso." Mas mesmo esses momentos tiveram valia, porque existem pessoas que planejam por anos e, ainda assim, nunca vislumbraram a possibilidade de o problema surgir. Estávamos aprendendo em uma velocidade muito maior, pois já estávamos em ação.

Concentre-se mais em fazer do que planejar. As pessoas ficam viciadas em apontar o lápis e endireitar a mesa, porém nunca ganham dinheiro com suas ideias. Você deve se expor e oferecer o que tem.

Ofereça para fazer uma consultoria, mesmo se não souber ao certo como fazer isso. Inicie o trabalho de coaching antes mesmo de saber, de fato, como será o treinamento completo. Apenas comece.

Observe este exemplo de um cliente. Ele entrou em nosso Mastermind com zero produtos, zero ideias, zero tudo. Assim que ouviu a mensagem "Preparar, Fogo, Apontar", deu início a uma campanha enorme de implementação. Ele criou vídeos e começou a falar com as pessoas por meio das redes sociais. Depois, ministrou treinamentos, ficando diante de tantas pessoas quanto fosse possível. Naquele primeiro ano, ganhou US$80 mil. Uma vez que deu início, olhou em volta e percebeu que precisava de alguns sistemas para manter o controle. Então fez tudo o que precisava ser feito. Logo, estava ganhando US$500 mil por ano. Apenas faça o trabalho. Avalie o sucesso. Comece a acompanhar os componentes do negócio. E observe o aumento de seus retornos.

Outro cliente, Bob Heilig, também participou do Mastermind. Ele queria vender pacotes de coaching e cursos digitais, algo que já vendíamos há um bom tempo. Nós o orientamos sobre o que e como fazer.

Logo após o seminário, decidiu que queria realizar um evento. Então, passamos orientações sobre como fazer uma oferta, quando oferecê-la, como estruturá-la, quanto cobrar etc. Ele organizou o evento e ligou para Ray logo em seguida para contar como foi. "E aí, cara, quero dar um feedback do evento e fazer uma pergunta engraçada. Segui exatamente o que você disse e vendi US$350 mil em coaching."

Ray, é claro, ficou bastante animado e disse: "Parabéns! Para um primeiro evento, esse é um resultado incrível." Bob agradeceu a Ray e respondeu: "Mas eis a pergunta engraçada: Como diabos recebo esse dinheiro?"

Não era uma questão de mentalidade; ele havia conseguido vender tal quantia em coaching, mas literalmente não tinha como colocar o dinheiro em sua conta bancária. Não havia nenhum espaço em que as pessoas pudessem inserir as informações do cartão de crédito ou nenhum link para uma conta. Bob tinha US$350 mil em formulários de pedidos realizados, mas não tinha como receber o dinheiro. Ray brincou que ele teria que participar da próxima aula do Mastermind para aprender a última parte; os dois riram muito. Então, Ray mostrou o que fazer. E Bob conseguiu organizar diversos outros eventos de sucesso. Se tivesse esperado para ter certeza de que tudo estava no devido lugar, nunca teria apertado o "play". Poderia ter perdido o retorno se apenas esperasse que tudo estivesse definido. Quantos teriam passado dois anos pesquisando sobre cartões de crédito, contas empresariais e sistemas de pagamento? E, então, temos Bob, que é capaz de vender coisas sem ter nem mesmo como recebê-las.

SEU KIT DE FERRAMENTAS

Agora sua mentalidade é "Preparar, Fogo, Apontar". Portanto está na hora de aprender como monitorar o progresso assim que começar. Eis algumas ferramentas que pode usar. Umas são gratuitas, outras são pagas; pode escolher a que funciona melhor para você e saiba que sempre há uma opção gratuita para tudo o que deseja realizar.

- Recursos de agendamento.
- Checklists (para prestação de contas).
- MODs.
- Diários de atividades de 90 dias.
- Dinheiro, tempo, negócios, lead trackers.

Recursos de Agendamento

Ambos usamos o Google Calendar para organizar toda a agenda. Funciona em todas as plataformas e sistemas operacionais. E pode acessar o calendário por meio de todos seus dispositivos. Você pode vinculá-lo à conta de e-mail, para não se embolar com diferentes tipos de aplicativos.

Outros aplicativos de agenda que nossa equipe usa são o Calendly e o Evernote. O Evernote também auxilia a monitorar as listas de tarefas, metas e, até mesmo, as listas de compras. É um ótimo recurso e muito fácil de usar.

Uma boa maneira de manter o controle da agenda diária é definir um tempo para cada tipo de atividade. Por exemplo, uma de nossas líderes que também tem um emprego em tempo integral divide todo o tempo em três cores:

1. Horário de "não trabalhar": tempo com a família, emprego em tempo integral, trajeto ao trabalho e momentos que está dormindo, fazendo exercícios ou socializando.

2. Horário da "possibilidade de trabalhar": momentos em que tem certa flexibilidade e é possível realizar alguma tarefa do empreendimento paralelo, mesmo

não sendo uma coisa permanente. Por exemplo, ouve podcasts de desenvolvimento pessoal enquanto dobra a roupa recém-lavada ou dirige.

3. Horário "livre": momentos que executa o trabalho integral. Agenda reuniões, realiza prospectos, faz todos os acompanhamentos, finaliza alguns exercícios de desenvolvimento pessoal e monitora seus números para aquele dia. Esse tempo não é negociável; ela não deixa o horário "livre" transformar-se em "possibilidade de trabalhar".

> **Ponto de Ação**
>
> Aproveite a semana para bloquear os horários de "não trabalhar" e "livre". Verifique em qual horário é possível inserir mais atividades. Você pode se surpreender quando se der conta do gasto de tempo e dos horários que consegue criar mais oportunidades para focar no que precisa ser feito. Lembre-se de que o tempo dirigindo o carro também pode ser produtivo.

Quando examinar o seu dia, veja se consegue trabalhar com alocação de tempo em vez de tarefas. Por exemplo, em vez de incluir "fazer 20 ligações" no checklist, você pode inserir "fazer ligações durante 20 minutos", três vezes ao dia. Gera menos estresse mental. E ainda realiza a mesma quantidade de trabalho, se não mais. Esse tempo deve ser adicionado à agenda, para se comprometer com os 20 minutos de ligações. Se tivesse uma reunião com um cliente, a adicionaria à agenda. Trate os blocos de tempo da mesma maneira. Ficará surpreso em como os 20 minutos serão muito mais produtivos do que se marcasse 20 itens em uma lista de tarefas pendentes.

Checklists

Você pode optar por muita ou pouca tecnologia quando fizer uma checklist. Um simples bloco de notas e um lápis podem ser a melhor maneira de fazer isso. Ou você pode usar os diversos aplicativos e ferramentas disponíveis em seus dispositivos, por exemplo: Google Tarefas, Bloco de Notas, Evernote, Microsoft To Do, Lista de Tarefas e Reminder (este aplicativo tem seções para negócios, família, lista de coisas para fazer antes de morrer etc.).

Não precisa comprar o bloco de notas mais sofisticado que encontrar, nem um aplicativo cheio de recursos. Basta começar a escrever as checklists, marcar os itens concluídos e pronto. Não precisa ser perfeito; experimente listar tudo e, depois, faça as coisas acontecerem. Mantenha a checklist ao alcance dos olhos o tempo todo, para ser constantemente lembrado do que precisa fazer e quando.

Eu e Jess fizemos de um jeito muito simples. No início, ela tinha apenas uma lista de afazeres anotada em um caderno ao lado de sua agenda física; ali estavam resumidas todas as responsabilidades. Contudo, com o crescimento de nossa empresa, tivemos que evoluir também. Foi preciso começar a usar diferentes tipos de checklists e sistemas de prestação de contas. Agora que temos uma equipe, usamos o Teamwork, um sistema orientado a tarefas que permite qualquer pessoa da equipe fazer login e você pode definir cronogramas e prazos. É possível definir diferentes projetos, tarefas e subtarefas. É um excelente software de gerenciamento de projetos. Se a "equipe" de sua empresa for apenas você, é possível começar de maneira bastante simples. Porém, à medida que cresce, considere outras maneiras para trabalhar de forma mais inteligente, não mais difícil.

Eis um exemplo de checklist (focado principalmente em vendas) se você estiver começando agora:

- ☐ Contatar 10 pessoas novas por meio da mídia social.
- ☐ Fazer um vídeo por dia — nas redes sociais ou em outra plataforma.
- ☐ Ler 10 páginas de um livro sobre desenvolvimento pessoal.
- ☐ Acompanhar cinco ofertas que receberam um talvez.
- ☐ Fazer uma interação de alto nível.

Eis um exemplo de checklist para o caso de você ter uma pequena equipe/empresa de médio porte:

- ☐ Contatar 10 pessoas novas/clientes em potencial por meio da mídia social.
- ☐ Fazer um vídeo por dia.
- ☐ Ler 10 páginas de um livro sobre desenvolvimento pessoal.
- ☐ Acompanhar ofertas realizadas.
- ☐ Fazer uma interação de alto nível.
- ☐ Enviar um vídeo/conteúdo ao assistente para que ele o envie por e-mail e o redistribua nas redes sociais.
- ☐ Fazer uma videoconferência com a equipe — mapear o cronograma sobre os produtos que estão sendo criados e o planejamento trimestral de receita.
- ☐ Fazer com que o assistente insira os prazos no Teamwork ou em outro sistema de monitoramento.

Eis um exemplo de checklist para o caso de você ter uma empresa e uma equipe grandes:

- ☐ Tudo do checklist anterior.
- ☐ Reavaliar as "pontas soltas" e delegar ao COO — o qual passará tudo para o Teamwork ou outro sistema de monitoramento.
- ☐ Checar o dia no Google Calendar.
- ☐ Realizar uma reunião diária breve (para ver como anda a equipe).
- ☐ Conferência de uma hora com a equipe de marketing para discutir ideias sobre o marketing.
- ☐ Conferência de 30 minutos com a equipe de vendas.
- ☐ Conferência de 30 minutos com a equipe de suporte.
- ☐ Conferência de 20 minutos com a equipe de publicidade.
- ☐ Promover qualquer treinamento ou criação de conteúdo adicional necessário para maximizar a exposição.

Nota: Algumas dessas conferências com a equipe são feitas uma vez por semana, outras são diárias. Use o bom senso. Geralmente concluímos as tarefas por volta do meio-dia, e o restante do período é um tempo livre para fazer o que quisermos, como mais uma interação de alto nível, criar mais conteúdo ou apenas se divertir!

Conectando tudo a seu MOD

A ideia das checklists está diretamente ligada ao seu MOD. São coisas que você DEVE fazer todos os dias para alcançar o sucesso.

O aspecto mais importante do negócio é a consistência. Como está lidando com as rotinas diárias? Qual é o seu MOD? Quais são as coisas que você precisa concluir? A pergunta que sugerimos para fazer a si mesmo é: "Meu MOD faz com que o sucesso seja inevitável?"

A parte mais importante dos negócios não é: "Consegui fazer um gol de placa hoje?" Porque com certeza há semanas nas quais não realizamos nenhuma venda, independentemente do MOD. Houve semanas em que não conquistamos novos clientes, mesmo sendo consistentes com as rotinas diárias. Mas nunca houve dias em que não tentássemos, pelo menos, conquistar novos clientes e realizar vendas.

Esse era o MOD de Ray quando estava começando:

- Prospectar e acompanhar pessoas suficientes para ouvir vinte "nãos" por dia.
- Finalizar o estudo de um material de desenvolvimento pessoal. No início, eram livros e vídeos gratuitos no YouTube. Depois vieram os cursos. E, enfim, os investimentos em seminários com masterminds e coaching de alto nível.
- Por último, criar pelo menos um vídeo por dia voltado para atrair a atenção das pessoas. (Ele faz isso há mais de dez anos.)

Hoje o MOD de Ray é diferente, mas consiste em:

- Reuniões semanais regulares com funcionários-chave, contratantes e parceiros.
- Palestrar em eventos ao redor do mundo de duas a três vezes por mês, quase todos os meses.

- Trabalhar diariamente no desenvolvimento pessoal.
- Criar pelo menos um vídeo por dia, incluindo o vídeo diário para seu centro de ensino, Rank Makers; em muitos dias, também grava um treinamento para a empresa e/ou uma entrevista em podcast.

O seu MOD não deve ser muito diferente do de Ray. Divulgue uma peça publicitária todos os dias. Escolha um número — 20, 10, até mesmo 5 — e tente obter esse número de "nãos" por dia. Não importa a quantidade, contate pessoas constantemente. Por fim, certifique-se de trabalhar em seu desenvolvimento. Juntos, esses três elementos formam uma combinação vencedora. E você vencerá o jogo se seguir esse MOD do seu jeito.

Queremos que anote o MOD, seguindo-o todos os dias. Não dê desculpas, não deixe nada para o dia seguinte e não durma até que tudo esteja concluído. Seja consistente. Esse é seu novo estilo de vida. É o caminho para seu sucesso. É assim que finalmente virará a página. Seja o que for que anote em seu MOD, isso deve se tornar um dos pilares do dia. Pode ser difícil no início, principalmente se ainda está trabalhando em tempo integral ou em meio período, mas assuma o compromisso. E siga em frente.

Um dos objetivos do exercício de MOD é ficar viciado na atividade, não no resultado. Quando Ray começou, estava mais viciado em realizar o trabalho do que ver se isso valeu a pena naquele dia. Houve muitas ocasiões em que o esforço não rendeu, mas nenhuma na qual o trabalho não deu certo. Defina o mínimo sempre e o atinja — ou o supere — todos os dias. Você notará resultados, mas a primeira recompensa será saber que está concluindo os MOD de maneira consistente, independentemente do que resulta disso.

Após começar a ver os resultados, você deve começar a monitorá-los. A seguir, falaremos sobre as diferentes maneiras como nós e nossos parceiros monitoramos dinheiro, tempo, leads e clientes.

Diários de Atividades de 90 Dias

A pergunta que mais recebemos após falarmos sobre o MOD é: "Tudo bem, mas como rastreou os 20 'nãos'? Você tem um sistema de acompanhamento? Como isso funciona?" É possível desenvolver o próprio sistema. Nós criamos um diário de atividades de 90 dias.

Combine um recurso como esse com sua agenda, anote os dias e horários de acompanhamento, mantenha todas as anotações e listas de clientes em potencial no mesmo lugar e continue consultando-as enquanto trabalha. Pode usar o sistema que desenvolver, ou fazer uso de um software online ou de um aplicativo. Não importa qual seja, apenas mantenha-o aberto e visível o tempo todo. Se ficar em sua mesa, totalmente acessível, é mais provável que volte à leitura. E faça um acompanhamento dessas pessoas.

Veja o exemplo de uma amiga e cliente, Michelle Eldridge. Era nova no setor e quase não obtinha resultados quando começou. Embora tenha recrutado quatro pessoas para a equipe, todas, exceto uma, desistiram rapidamente. Desanimada, ela passava de "especialista" para "especialista". Ou apostava todos os esforços e recursos na estratégia mais recente, mas nada funcionava. Era incapaz de seguir uma rotina. E isso transparecia nos resultados. Ninguém a ensinou as maneiras mais eficazes de montar sua empresa.

Como recurso final, Michelle se juntou ao nosso programa Rank Makers. Ensinamos como usar o diário de 90 dias, que foi uma das principais maneiras de construir nosso negócio. Michelle decidiu se concentrar diariamente no que estava sendo monitorado. E, em 45 dias, estava contatando um mínimo de 20 pessoas por dia, acompanhando 10 por dia e fazendo de quatro a seis vídeos ao vivo por semana. Sua produtividade disparou. Ela conseguiu, de maneira consistente, de 5 a 10 clientes novos por semana e recrutou 11 pessoas para a equipe!

Nos últimos 18 meses, formou uma equipe de quase 50, com uma taxa de retenção de 90%. Michelle conquista de 5 a 10 novos clientes por semana, está entre os 1% que realizam mais vendas na empresa e entre os 3% considerados melhores líderes. Ela sempre teve potencial; apenas precisava do processo e das ferramentas certas para fazer isso acontecer. Michelle não precisava de nenhum blá-blá-blá motivacional de forma vaga para ajudá-la a decolar; precisava de um plano concreto que desse a oportunidade de alcançar resultados.

MÍDIA SOCIAL: A MELHOR FERRAMENTA DE TODAS

Para obter mais engajamento, precisa engajar mais. Parece simples, mas sempre ouvimos as pessoas desejarem mais comentários, mais curtidas, mais seguidores etc., mas sequer estão respondendo aos comentários que já estão recebendo. **O Facebook, o Instagram e o Twitter são ferramentas gratuitas**; aproveite-as tanto quanto puder. Elas foram fundamentais para nosso sucesso e sabemos que também podem ser úteis para o seu. A arma secreta de Ray foram os vídeos diários. Ele tem feito um por dia todos os dias nos últimos dez anos. Faça desse vídeo diário parte do MOD. E siga em frente. O esforço terá retorno em dinheiro.

Nossa sugestão é que, antes de enviar um vídeo, abrir uma live ou, até mesmo, postar algo, tire alguns minutos para fazer comentários nos perfis de outras pessoas. Em seguida, certifique-se de reservar um tempo para responder rapidamente a qualquer engajamento no seu post; faça por pelo menos quinze minutos, mas o ideal é chegar aos trinta. Essas atividades sinalizam para o mecanismo das mídias sociais que é alguém que engaja e merece receber mais engajamento. Essas condutas amplificarão a mensagem e o ajudarão a alcançar mais visualizações, comentários e seguidores. Você não precisa usar todas as plataformas existentes, mas essas são apenas algumas táticas e abordagens que nos ajudaram em nossa jornada nas mídias sociais.

Mídia Social — Como Prospectar Clientes

Um ótimo modelo que Ray costuma usar para prospectar é:

"Olá, (nome), vejo que você está trabalhando com (área em que a pessoa atua). E eu estou expandindo meus negócios para esse mercado. Se não atrapalhar suas atividade atuais, se interessaria em dar uma olhada em nosso trabalho?"

Mídia Social — Como Acompanhar Pessoas

Sempre mantenha contato por meio de uma novidade. Nunca diga apenas: "Estive acompanhando você". Ninguém quer ser "acompanhado", mas todos adoram receber uma novidade, que pode ser tão simples quanto contar uma história. Por exemplo, se não tem notícias de um cliente em potencial há algum tempo, porém sabe que está no mercado imobiliário, pode dizer:

"Olá, {nome}, passando para dizer que minha amiga Lisa (que também é corretora de imóveis) acabou de sair do emprego como corretora para trabalhar conosco em tempo integral. Isso me fez pensar em você. E eu queria saber se ainda está interessado em saber sobre nosso trabalho."

Ou faça um acompanhamento baseado em produto por meio de atualizações e histórias:

"Olá, {nome}, gostaria que você soubesse da minha amiga Amber, que acabou de atingir sua meta de perda de peso apenas usando nosso produto. E hoje ela está com 20 kg a menos! Se isso não é sua praia, sem problemas, porém, se ainda estiver interessado, eu poderia dar mais detalhes. Basta avisar..."

Torne-se um "colecionador de histórias" profissional. Assim o acompanhamento e o fechamento das vendas ficarão FÁCEIS!

Mídia Social — Como Fechar Negócio

Após enviar as informações, certifique-se de usar as seguintes diretrizes para fechar a venda:

- Pergunte do que mais GOSTARAM! NÃO o que acharam!
- Pergunte como se veem montando suas empresas ou usando aquele produto.
- Pergunte se estão prontos para começar!

É aquele velho ditado: "Quem tem BOCA vai a ROMA!".

Ferramentas de Aperfeiçoamento de Mídia Social

A maioria das ferramentas oferece serviços básicos gratuitos, cobrando taxas para opções mais avançadas. Esses aplicativos e serviços podem ou não estar disponíveis no momento em que está lendo este livro, pois os recursos de mídia social mudam diariamente. todavia, se fizer uma pesquisa, provavelmente encontrará um serviço muito semelhante.

- O Canva permite redimensionar facilmente os designs para se adequar às restrições de tamanho da mídia social.
- O A Color Story e o MOLDIV são programas de edição de fotos que podem ser usados para melhorar as imagens antes de postá-las.
- O Infinite Stories é um aplicativo que permite criar stories mais versáteis no Instagram. O aplicativo ajuda a adicionar música, fazer transições e muito mais, deixando os stories mais atraentes.
- O Leetags é um gerador de hashtag do Instagram que também dá dicas sobre como organizá-las e conseguir mais seguidores e curtidas.

Abrindo uma Live — Seu Roteiro

Quando abrir uma live em uma plataforma de mídia social, sugerimos seguir uma fórmula bastante simples: introdução, pergunta, conteúdo, chamado à ação.

A **introdução** é simplesmente uma descrição de quem você é.

A **pergunta** deve ser elaborada para manter o espectador na live e dar valor ao que entrega para o mercado. Alguns exemplos seriam:

- Quer saber como perder aquela pancinha?
- Quer saber como preparar minha quiche favorita?
- Quer saber como evitar pontas duplas no cabelo?
- Quer saber como aumentar o peso que levanta no supino?

Monte a pergunta com uma estrutura clara que deixe a entender e reconhecer que as pessoas estão ocupadas. É preciso chamar a atenção para mantê-las conectadas a você. A pergunta elaborada é uma amostra do problema que será resolvido pelo trabalho no vídeo que está criando.

O **conteúdo** é aquilo que oferece para resolver esse problema. Dê conselhos às pessoas; ensine algo a elas. (Se tem dificuldades a respeito do que falar em vídeo, encontrará algumas outras ideias nas páginas adiante.)

O chamado à ação geralmente é composto de mais informações sobre como extrair mais benefícios a partir do que as pessoas viram no vídeo. Por exemplo: "Para saber mais sobre os exercícios mais simples a fim de deixar a barriga trincada, deixe um comentário ou envie uma mensagem privada."

As duas partes mais importantes de qualquer vídeo são (1) o título ou a descrição (eles que param de rolar a tela para baixo), e (2) o chamado à ação que os leva até você. Não seja preguiçoso a ponto de esquecer esses dois itens. Uma maneira simples de criar chamadas incríveis, que também podem ajudá-lo com o conteúdo, é observar como são as manchetes das revistas perto do caixa do supermercado. As revistas expostas na frente da loja geralmente são as mais vendidas. E conquistaram esse lugar. A razão pela qual vendem tão bem é que são elaboradas pelos melhores redatores, os quais escrevem as melhores manchetes. Extraia algumas ideias por meio delas. Comece a atrair atenção!

IAE: Investir, Aprender, Ensinar[1]

Descobrimos que muitos de nós têm dificuldades em pensar no que falarão nos vídeos, mas passam bastante tempo no ramo de atuação conversando com outras pessoas, participando de eventos e tomando nota de uma porção de coisas. De que adianta ficar apenas anotando se esses apontamentos vão parar no fundo da gaveta e nunca mais serão vistos? Em vez disso, anote e, depois, converta as anotações em conteúdo online exclusivo. Chamamos isso de conteúdo online IAE.

A sigla IAE significa *investir, aprender, ensinar*. É a maneira perfeita de ter um número ilimitado de ideias para conteúdo e se tornar, para outra pessoa, um especialista em qualquer coisa que tenha interesse. O primeiro passo é **investir** seu tempo (e possivelmente dinheiro) para **aprender** algo novo. O segundo é **ensinar** o que se aprendeu aos outros. Agora você está levando valor ao público. Faz oito anos que ensinamos esse conceito às pessoas. E tem funcionado bastante.

Alguns dos vídeos mais populares de Ray foram: "Ei, neste fim de semana participei de um seminário..."; "Li este livro..."; "Fiz este curso..."; "Essas são anotações que fiz deste livro, curso ou evento." Esse é o IAE clássico. Pode entrevistar alguém da área

---

[1] Método criado pelo autor, Ray Higdon. Tradução do inglês ILT — Invest, Learn, Teach (N. da T.).

e, assim, dar um IAE aos espectadores. Pode, ainda, testar um curso ou um produto para fazer um review, dando sua opinião enquanto está praticando IAE. De uma hora para outra, estará entregando valor e ofertando algo que ninguém mais consegue.

O padrasto de Ray, inclusive, fez um IAE sem saber: "Percebi que qualquer pessoa no mundo poderia fazer IAE quando um dia meu padrasto, um cara que trabalha muito duro, veio até mim e fez exatamente isso. Acho que ele nunca leu um livro sobre marketing, negócios, vendas ou qualquer coisa desse tipo. Trabalhou com construção a vida toda. Entretanto, veio até mim e começou a me ensinar coisas a respeito de acontecimentos ambientais, e eu pensei: 'De onde está vindo isso?'"

"Acontece que ele tinha acabado de assistir ao episódio de Matt Damon da série documentário Years of Living Dangerously, e já estava aplicando o IAE comigo. Qualquer pessoa pode assistir a um documentário, ler um livro, fazer um curso, ler uma revista, participar de um evento, fazer anotações e compartilhá-las. Não estamos sugerindo que cometa plágio — elabore a sua opinião sobre algo. É primordial que não copie as ideias, as palavras, os programas ou as obras de arte de outras pessoas. Pode ter problemas com sua reputação e sua empresa se o fizer. Caso diga: 'Olá, aprendi isso por meio deste livro. Deixe-me compartilhar com vocês minhas observações', verá que as pessoas respondem bastante a esse tipo de conteúdo."

Lembre-se de que, embora hoje utilizemos todas essas ferramentas, nós as desenvolvemos ao longo do tempo. Não precisa usar tudo de uma vez, especialmente no início. Comece com o que pode controlar — SUA atividade diária. E ramifique a partir daí conforme cresce!

REGRA Nº 9

TENHA UMA ESTRATÉGIA DE COMPROMETIMENTO, NÃO DE FUGA

Ray estava assistindo a um episódio da versão norte-americana de Shark Tank quando Mark Cuban, um dos apresentadores, fez uma fala que o impressionou muito. Ele disse a um dos empreendedores esperançosos: "Você precisa ter uma estratégia de comprometimento, não uma estratégia de fuga." Mark articulou algo em que sempre acreditamos: **é preciso acreditar no processo e evitar ficar desanimado quando as coisas não saem conforme planejado.** Você precisa enfrentar os desafios da vida, sabendo que há mais o aguardando no futuro. É preciso olhar para o quadro geral, mesmo quando todos que fazem parte de sua vida estão dizendo para parar, desacelerar ou desistir. Este capítulo mostra como fazer isso.

Pense na mentalidade de uma pessoa que segue uma dieta e um plano de exercícios. Ela pode subir na balança todas as manhãs para ver se houve alguma mudança no peso, e talvez veja esse valor subir um pouco em certos dias, ou faz uma vez ao mês, observando essa mudança em períodos maiores. O que é mais encorajador? Estar diante de pequenos fragmentos de progresso e retrocesso, ou esperar para ver enormes saltos em períodos maiores? Não queremos que analise o progresso diário; só vai atrasá-lo e desencorajá-lo. Queremos que desligue dos detalhes, faça o trabalho e monitore o progresso de um ponto de vista de longo prazo. Faça esse compromisso com os olhos fixos na recompensa, não no que fará "quando" falhar. Lembre-se, se almeja o fracasso, será bem-sucedido todas as vezes.

Para alguns, a estratégia de fuga é um plano para a pergunta: "E se não funcionar?" Para outros, é um plano de pouco esforço: "Eu vou investir o básico e, depois, vender para quem der o lance mais alto." No setor de vendas corporativas, uma estratégia de comprometimento de curto prazo funciona para algumas pessoas; o plano é aumentar a empresa até que o Facebook, o Google ou a Amazon a comprem. Porém, eles não têm uma estratégia de comprometimento de longo prazo que garanta que o negócio será incrível. Não se importam com o produto; estão preocupados apenas em descartar o negócio. Esse é o tipo de pensamento que queremos que evite, pois não envolve paixão ou sentimento. A mentalidade que queremos que tenha é: "Deixe-me tentar isso e ver se funciona." É uma mentalidade impulsionada pelos interesses. Você se importa com a plataforma, pois escolheu o veículo com base em objetivos individuais. Ao usar esse método, está se envolvendo pessoalmente. Está fazendo por si mesmo e pelas pessoas que ajudará no futuro, não pelo lance mais alto que surgirá em algum momento do processo.

Por exemplo, a mentalidade de Ray gira em torno de seus vídeos: "Quando comecei a empresa em casa, comprometi-me a fazer um vídeo todos os dias para tentar atrair pessoas e gerar leads. Bem, ao final do quinto mês, estava fazendo um vídeo todos os dias, mas quase ninguém os assistia. Quase ninguém os estava acessando. Se tivesse analisado aqueles 150 dias de vídeos, se tivesse analisado o tempo que gastei em relação ao resultado que geraram, literalmente não teria feito nenhum sentido. Eu não tinha nada para apresentar em troca de ter feito todos aqueles vídeos.

"Mas, por volta do final daquele quinto mês, atraí um cara que se tornaria meu líder de vendas número um. Esse único lead me rendeu centenas de milhares de dólares.

"Dois anos depois, ainda estava fazendo um vídeo por dia e gerava mais de 3 mil leads por mês sem anúncios. Isso é algo que as pessoas ouvem e dizem: 'Puxa, eu também quero fazer isso!' Mas será que teriam aguentado os últimos cinco meses? Ou teriam fugido? Elvis Presley foi instruído a voltar a ser motorista de caminhão após ser expulso do Grand Ole Opry. A maioria das pessoas bem-sucedidas passa por essas fases quando não estão obtendo sucesso rapidamente ou quando não estão obtendo sucesso algum. Para quem não está acostumado, a busca pelo sonho não faz nenhum sentido, mas se comprometeram e nada as tira de seu caminho."

Muitos estão ocupados planejando, encomendando cartões de visita e escolhendo as novas impressoras. Elaboraram um planejamento sobre como conduzirão as reuniões, mas nunca realizaram uma de verdade. Participam de cursos, compram livros, contudo não tiveram a atitude de chegar até alguém de maneira firme e perguntar: "Olá, teria um tempinho para dar uma olhada no que tenho para mostrar?"

Não permita que essa pessoa seja você. Afaste-se do caderninho de planejamento. E cumpra todos os compromissos que acabou de anotar.

Passo 1: Pergunte.

Não importa há quanto tempo está trabalhando — se está apenas começando ou se está tentando alcançar os objetivos há anos. Sempre que alguém nos pede ajuda para abrir um negócio ou para tirar alguém do marasmo, a primeira pergunta que fazemos é: "Quantas pessoas está abordando para perguntar se topariam dar uma olhada no que está oferecendo?" Em 99 de 100 vezes que perguntei, o número de pessoas é inferior a 10. **Você precisa perguntar**. O nível de comprometimento está diretamente relacionado ao fato de estar ou não fazendo perguntas. Se está hesitando em interagir com elas, significa que já está com um pé fora da porta.

Imagine que mora em um alojamento de faculdade. Você teve a brilhante ideia de colocar um forno de pizza no quarto. Agora pode fazer pizza; isso é incrível, não é? É basicamente um caixa eletrônico. Então abre a porta e espera que peçam pizza. Você fica do lado de fora do quarto enquanto as pessoas estão passando. Mas nunca aborda ninguém que está segurando um sanduíche e dizendo em alto e bom som que gostaria que essa pessoa estivesse comendo uma pizza. Se não os faz parar, então eles simplesmente passam reto.

Se nunca fizer perguntas a ninguém, nunca ganhará dinheiro. Parece loucura, mas as pessoas tratam seus negócios dessa forma. Elas dizem: "Eu gostaria de ter mais clientes em minha empresa de massagem". Porém, na realidade, não abordam ninguém para perguntar se gostaria de se tornar um cliente. Não dizem: "Olá, eu sou massagista. Gostaria de uma massagem? Quer dar uma olhada no serviço?" Comprometa-se em perguntar. Já está com um pé fora da porta caso não fizer.

> **Ponto de Ação**
>
> Faça uma lista com o nome de pessoas que conhece (no mínimo 10). Você PEDIRÁ que deem uma olhada no que tem a oferecer. Em seguida, faça isso!

Passo 2: Não se comprometa com o emprego; comprometa-se com o trabalho. Não deixe o medo tomar conta.

Não é sobre quão comprometido você está com a carreira que escolheu para si, mas quão comprometido está em fazer seu trabalho. Se adora golfe e não quer fazer mais nada além de vender os tacos, está comprometido com o trabalho. Você quer ter sucesso. Está empenhado em ser o vendedor de tacos de golfe número um do mundo. Contudo, se não está perguntando às pessoas se querem comprar tacos de golfe, então não está trabalhando; não está comprometido com o trabalho necessário para obter os resultados que deseja. Volte ao início do livro para descobrir por que não está perguntando. Por que não está falando com as pessoas? Quais são as ervas daninhas que o estão impedindo de ir atrás dos "nãos"? Dinheiro? Falta de autoestima? Que parte da sua mentalidade é preciso mudar?

Para a maioria de nós, é o medo. Medo de parecer estúpido, de ser rejeitado. Para algumas, de fato, é o medo do sucesso. Veja o medo da Jess de perder tudo, por exemplo. Antes de se tornar uma adolescente, ela viu alguém que amava, sua mãe, passar de uma fase em que tinha tudo para outra em que teve que lutar com todas as forças para sobreviver. Pessoas que passaram por esse tipo de experiência podem se autossabotar. Elas acham que, mesmo que façam o trabalho e tenham sucesso, sempre haverá uma chance de perder tudo. Portanto, nunca dão início a nada. O medo de apostar alto demais, ganhar muito e arriscar também pode deixá-las apreensivas. Acham que é errado ter muito dinheiro. Isso as deixa desconfortáveis. Portanto, reduzem os objetivos para um lugar que as deixe mais seguras, nunca obtendo o que são capazes de conseguir por si próprias.

Caso veja sua mãe, seu pai, tio ou algum outro parente deixar de ter uma condição de vida boa, perder tudo, ficando arrasado e deprimido, pode acabar impedindo a si mesmo de ter tudo. Pode ser que diga: "Quer saber? Se eu tiver sucesso, vou acabar perdendo de uma hora para outra, assim como meus pais. Não quero isso." Esse tipo de pessoa finge se expor. Finge estar em um negócio, mas não está de fato. Se é essa pessoa, acredite no que tem. Se não acredita no que tem, se não acredita no produto que vende e na empresa que representa, então teria que ser um vigarista para vendê-lo. E nunca terá o sucesso que deseja.

Se acredita no que tem, e isso ajuda as pessoas de alguma maneira — a se sentirem mais bonitas, a terem mais confiança, a

Tenha uma Estratégia de Comprometimento, Não de Fuga

perderem peso, a aliviarem o estresse —, mas não está interagindo, talvez isso sugira que você se preocupa mais com a autoimagem do que em, possivelmente, ajudar os outros.

Se consegue acreditar no seu negócio e no que está vendendo, porém está mais preocupado com o que as pessoas pensam do que na forma como está ajudando, então não acredita de verdade que seja capaz. É preciso parar de pensar no que os outros pensarão. Graças a Deus, Chris, o amigo de Ray de Cape Coral, na Flórida, não estava preocupado com o que pensavam dele quando o convidou para um evento de marketing de rede que deu início a tudo. Ray pensa nisso o tempo todo, porque mudou sua vida:

"Passei de uma situação em que tinha uma casa em execução hipotecária, era um falido com um milhão de dólares em dívidas e perseguido por credores para a posição de milionário. Obrigado, Chris. Obrigado por não se importar com o que as pessoas pensariam de você. E obrigado por não se preocupar com minha possível rejeição quando me procurou. Se estivesse tão preocupado com o que pensariam, nunca teria me salvado quando estava me afogando. Seja essa pessoa para alguém. Nunca chegará ao ponto de as pessoas agradecerem em um palco ou de lançar um livro como este se estiver preocupado demais com o que os outros pensam de você."

Deve deixar o nervosismo e a preocupação com a rejeição irem embora quando ouvir a palavra "não". Comprometa-se a superar esse medo. Volte aos capítulos anteriores deste livro para observar bem as coisas que o estão impedindo de seguir em frente. Pode ser a mentalidade, podem ser as ervas daninhas ou pode ter a ver com o ambiente em que cresceu. Você foi muito rejeitado e recebeu muitos "nãos" quando criança? E na faculdade? Ou quando saiu do ensino médio? O que o fez se sentir assim ou o transformou em quem você é hoje? Aprenda a se sentir confortável com a rejeição. E não se importe com o que as pessoas pensam.

Jess sentiu esse medo quando estava começando. Muito disso se originou na infância: "Sempre me senti muito estranha ao pedir dinheiro por causa de minha vivência na infância. Sempre quis agradar em vez de pedir algo, qualquer coisa mesmo, porque queria que me vissem um jeito específico.

"Quando comecei em vendas, esses sentimentos estavam à frente e no centro de tudo. Mas os superei ao buscar o 'não' repetidas vezes. Essa foi minha primeira maneira de superar o medo. A segunda foi a visualização. A visão da pessoa que eu queria ser logo se transformou na pessoa que eu era."

"Continuei me visualizando como a pessoa que realmente tinha a paixão, a motivação e o caráter de alguém com quem todos queriam trabalhar. Alguém que querem seguir, não apenas alguém que estava tentando vender alguma coisa. Ter esse tipo de visão mudou minha forma de falar e de abordar as pessoas. Assim que você vê uma pessoa dar a volta por cima e realizar uma mudança de vida, de repente se sente melhor com o que está fazendo."

Reconheça de onde vêm esses sentimentos sobre o fracasso. E saiba que o impedirão de atingir as metas que deseja alcançar. Pense na pessoa que deseja se tornar agora. Pense em como ela reagiria aos obstáculos, o que faria e quais atitudes tomaria. Nós conseguimos. E ajudamos milhares a fazerem isso. Nós sabemos que também é capaz. Comprometa-se a vencer esse medo. Não conseguirá ter sucesso até que faça isso.

> **Ponto de Ação**
>
> Escreva a resposta para esta pergunta: "Como posso ajudar alguém?" Então analise o que pode oferecer e o que isso pode fazer pela pessoa. Depois pergunte a si mesmo quem ajudaria se tivesse muito sucesso. Por exemplo, quais instituições de caridade ou causas ajudaria a financiar, dentre outras coisas? Agora escreva quem sai perdendo se não for bem-sucedido. Faça uma lista das pessoas que terão perdas se não tomar a frente em superar tais bobagens.

Passo 3: Anime-se e evite as fugas.

Ray nunca considerou a fuga, nunca mesmo. "Houve duas palavras que abracei quando comecei essa jornada. As palavras são até e apesar. Eu faria 'até construir o sucesso'. Eu faria 'apesar de todos os obstáculos que surgissem'. Era o meu compromisso. Eu faria até atingir o objetivo. Na verdade, tive uma conversa com Jess sobre isso quando estávamos namorando.

"Eu falei sério sobre montar uma empresa em casa e disse a ela: 'Escute. Os próximos dois anos serão um inferno. Estarei o tempo todo no telefone e em reuniões. Vou trabalhar muito mesmo. Você nunca me viu desse modo antes. Provavelmente não iremos ao cinema ou a jantares. Provavelmente não teremos muito tempo para nos divertir. Mas preciso me livrar dessa dívida milionária. Estou farto e cansado de me sentir um perdedor.'

"Eu não sabia que, em cinco meses, estaria ganhando US$10 mil por mês, e que, em sete, estaria ganhando US$40 mil. Mas, antes que soubesse o que estava reservado para mim, estava comprometido. Sabia que faria, não importava o que acontecesse.

Muitas pessoas entram nessa de: 'Tentarei por um mês. Vamos ver como vai ser.' Se está falando sobre negócios e quer ver como vai ser, não dará em nada. Melhor não fazer nada."

O compromisso de Ray com os primeiros dois anos valeu a pena. "Ganhei US$19 mil em 2009. Em 2010, ganhei US$350 mil. E, em 2011, US$700 mil. Em dois anos, nossas vidas mudaram completamente. Estávamos viajando pelo mundo, ganhando cruzeiros. Deram-nos uma BMW de US$100 mil de presente como um incentivo por parte da estrutura de vendas da empresa. A vida estava completamente diferente daqueles dias em que somente saíamos para ir ao Bar Louie na noite do hambúrguer de US$1."

Entretanto, e se dois anos tivessem se passado, e tudo continuasse exatamente igual? Bem, primeiro, desistir não teria acelerado nada, Ray teria continuado. Segundo, obteve em dois anos o que a maioria consegue em vinte: "Quando alcança 20 "nãos" por dia, é mais do que a maioria consegue em um mês pelo menos, talvez em dois. Encurtei o tempo ao aumentar o número de pessoas que abordei para perguntar se estavam interessadas no que eu tinha a oferecer. É uma comparação injusta; todos querem julgar os dois anos e dizer: 'Ah, dois anos. Sim, vejam só, ele fez isso. Sem chances de eu conseguir.' Mas trabalharam dois anos no mesmo tipo de atividade que eu? Você trabalhou? Meu objetivo era encurtar o tempo. Queria alcançar o objetivo o mais rápido possível. Não permiti que a ideia de fracasso entrasse em minha mente. Eu nunca teria sido capaz de manter esse ímpeto se tivesse permitido."

Já falamos sobre usar o serviço de mentores como recurso e orientação. Outra forma de evitar as fugas é fazer amizades: encontre alguém que tenha feito o que você está tentando fazer. Encontre essas pessoas e descubra como pode aprender com elas. Não apenas como alcançaram a posição em que estão, mas como vivem suas vidas atualmente. Pode ser por meio de podcasts, postagens em blogs ou vídeos. Ou, então, ouvir as mensagens que transmitem e observar como agem. Como você pode achar pessoas que alcançaram o sucesso fazendo o que está tentando fazer? É muito provável que não esteja tentando inventar a roda. Sabemos que existem. Só precisa encontrá-las.

Você pode observar alguém que tenha um histórico de sucesso. E mantenha-se próximo. Ray fazia isso quando trabalhava no mercado imobiliário: "Eu procurava conhecer as pessoas que estavam no mercado. Costumava convidar os corretores de imóveis bem-sucedidos para almoçar, a fim de entender como sua mente funcionava, e pagava o almoço. Gostava de estudar por vídeos do YouTube. Gostava de ler livros. Queria passar um tempo estudando e conhecendo pessoas que tiveram sucesso no que eu estava tentando fazer. Estava sempre perguntando: 'O que fazem de diferente que eu não estou fazendo?' Isso faz parte de permanecer comprometido."

Esse tipo de trabalho nem sempre será empolgante. Ray odiava fazer prospecção, mas sabia que precisava fazer, porque não tinha leads suficientes. Ele olhou em volta e viu que todos os profissionais de marketing de rede bem-sucedidos estavam prospectando. Então sabia que precisava fazer o mesmo.

"Eu pensei: 'Vou fazer dar certo e farei isso até que dê certo.' As duas afirmações podem parecer semelhantes, mas há uma diferença monumental entre o que aconteceria se não desse certo e farei isso *até* que dê certo. Você nunca chegará à área do adversário se ficar parado no campo defensivo. Precisa correr; sair da defesa. Se ficar, nunca fará o gol. Encontre alguém que evite as fugas e permita que essa pessoa o inspire a fazer o mesmo."

> **Ponto de Ação**
>
> Escreva o nome de três pessoas cujo círculo íntimo você deseja entrar, ou pelo menos se aproximar, para aprender mais com elas e observar como vivem e constroem os negócios. Não se limite a pessoas conhecidas.

Passo 4: Entenda o risco definitivo.

Ray poderia ter permanecido no último emprego para sempre. Tinha ética de trabalho. Era inteligente. Tinha jogo de cintura no ambiente corporativo. Mas permanecer teria sido o risco definitivo. Lembra-se do que dissemos na Regra nº 1 sobre o antigo chefe de Ray no supermercado? Ele assumiu o risco definitivo ao permanecer onde estava, pois nunca tentou realizar outras coisas. Viver décadas de sua vida dessa maneira é muito mais arriscado do que, possivelmente, sofrer alguns solavancos financeiros no meio do caminho porque você deixou o emprego. Lembre-se de que o fato de ter um trabalho não significa que não corre riscos. Mesmo o emprego mais confiável pode abandoná-lo quando mais precisar. Milhões de pessoas, de funcionários de hotéis a garçonetes, bartenders, babás, cuidadores e cabeleireiros pensaram que sempre teriam aquele emprego, que continuariam a receber aquele contracheque para sempre. Enquanto escrevíamos este livro, o ano de 2020 provou que todos estavam errados sobre o que significa segurança no emprego. Até mesmo os profissionais da saúde foram dispensados porque os hospitais não conseguiam mais pagar por seus serviços. Ninguém poderia ter previsto, mas o risco definitivo acabou sendo o emprego no setor de processamento de carne, no varejo ou na concessionária de automóveis. Não deixe que a ideia de um emprego confiável o afaste de dar esse salto. A ideia de um trabalho confiável foi completamente alterada.

A atitude do gerente de Ray no Winn-Dixie desencadeou um gatilho em Ray que permaneceu por toda sua vida. "Esse pensamento: 'Bem, eu acho que não conseguiria ser melhor em outra coisa. Eu odeio este trabalho. Mas, provavelmente, eu não conseguiria fazer outra coisa melhor.' Sou muito grato por essa lição. Isso realmente me ajudou a moldar quem sou hoje; se não fosse por isso, provavelmente teria me acomodado."

Jess também estava correndo o risco de se acomodar: "Quando eu trabalhava no balcão de maquiagem, voltava para casa arrasada e em um lugar de pessimismo. Eu ficava falando com meu chefe sobre todos os problemas que estavam acontecendo e sobre o que as outras mulheres estavam falando de mim. Estava tão infeliz que nem percebi que era em virtude do trabalho. Um dia, Ray disse: 'Cara, parece que você está de mau humor sempre que sai do trabalho.' Assim que me disse isso, eu pensei: 'Ah, sim, acho que estou mesmo. É melhor mudar se quiser ser feliz no tempo de vida que me resta.' Essa também foi uma grande constatação."

"Ray já estava trabalhando com marketing de rede, mas, a princípio, não acreditei nesse projeto. Parecia bom demais para ser verdade. Pensei em minha mãe e em como tínhamos tudo e, de repente, perdemos. Não queria isso para Ray, não importa quão incrível fosse nesse trabalho. Então comecei a aprender com diferentes pessoas que já haviam trabalhado nesse ramo. Percebi que era mais inteligente do que algumas delas, tinha uma ética de trabalho melhor, era formada em marketing e já tinha alguma experiência em vendas. Então pensei que, se conseguiam trabalhar com isso, por que eu não conseguiria? Comecei a pensar comigo mesma: 'Se eu não mudar minha condição, nada vai mudar.'"

Ray entrou no marketing de rede por se sentir desesperado e sem saída. Seu ponto de vista era: "Preciso dar um jeito na dívida que tenho no momento. Isso é o que vou fazer. Não vou parar até conseguir. Vamos, vamos, vamos, vamos." Jess via isso a partir de um ponto de vista mental. Ela precisava enxergar uma mudança no modo como lidava com a vida. Não precisava desesperadamente do dinheiro; precisava ser feliz naquilo que fazia diariamente. Nós dois tínhamos a mesma ética de trabalho e o mesmo comprometimento, mas as premissas eram um pouco diferentes. O até dela vinha de outro lugar. Era quase o oposto da mentalidade "vamos, vamos, vamos" de Ray.

Jess pensou: "Tenho 21 anos. Posso fazer isso por mais 10 e ainda serei jovem quando acabar. Por que não ir em frente e agir? Vamos ver o que acontece." Idade não é desculpa. Você pode pensar que é muito jovem ou muito velho. Realmente não importa; vai passar esse tempo na Terra de qualquer modo. Por que não ir em frente e agir? Se não der certo, bem, estará de volta ao ponto de partida.

O até de Jess foi: "até que eu esteja ganhando US$100 mil por ano." O apesar dela foi: "Apesar de ser jovem, de não ter experiência em negócios e de ser vista de um jeito, farei esse trabalho." O até dela chegou rápido. O apesar deu um pouco mais de trabalho:

"Eu costumava pensar que ninguém me levava a sério por ser tão jovem. Isso normalmente me atrapalhava bastante em tudo o que eu fazia. Ao gravar vídeos, ficava preocupada, pensando no que as pessoas poderiam comentar: 'Quem essa garotinha acha que é para gravar vídeos?' Logo depois de começar, fui a um seminário em que pediram que escrevêssemos nossa crença limitante em uma tábua. No verso, pediram que escrevêssemos o oposto desse sentimento. Na frente, escrevi: 'Sou muito jovem.' No verso:

'Juventude é poder.' Em seguida, deveríamos quebrar a tábua com esses dizeres. E nós quebramos mesmo.

"Foi incrível como o coaching e o ato de quebrar a tábua me ajudaram a perceber que as pessoas ficavam impressionadas quando olhavam para mim. Elas não estavam duvidando de mim; em vez disso diziam: 'Uau, esta jovem está vindo até mim e me abordando para falar sobre seu negócio. Ela parece tão polida e equilibrada, e isso é muito poderoso. Se consegue fazer isso, então eu definitivamente também consigo.'

"Eu percebi que estava inspirando as pessoas; acharam que agi de forma poderosa. Percebi que estava completamente errada sobre a maneira como pensava que os outros me enxergavam. Na verdade, fui perguntar o que achavam disso. Quando me viram, antes de me conhecerem, acharam que era muito jovem? Ou que não deveria ser levada a sério? Todas disseram exatamente o oposto."

> **Ponto de Ação**
>
> Anote seu fator limitante em um papel. Agora, no verso, escreva o oposto desse sentimento — este é o que queremos que você adote.

Observe o fator limitante enquanto rasga o pedaço de papel. Exorcize-o de sua vida. Já não se aplica a você. O fator limitante era seu risco definitivo — a coisa que pairava sobre você e o prendia, mantendo-o na posição em que está, e não na qual deveria estar. Foi o fato de ter permanecido no mesmo emprego por muito tempo antes de sair? Será que não queria decepcionar seus colegas de trabalho? Ou, ainda, não tinha experiência para administrar a própria empresa? Deixe isso para trás; não precisa mais.

Passo 5: Saiba quando reavaliar seus objetivos e seus sonhos.

Você já leu o livro até este ponto. Passou por cada passo e realizou todos os pontos de ação. Porém, e se não conseguir superar sua mentalidade? E se não conseguir arrancar suas ervas daninhas? E se não conseguir falar sobre dinheiro? E se não conseguir superar o medo da rejeição e de ser julgado?

Nós entendemos. Essa vida não é para todo mundo. Nem todos podem ser tão consistentes quanto necessário para enxergar os níveis de sucesso que vemos em nós mesmos e nos clientes. E tudo bem. No entanto, se não vai mudar a mentalidade e enfrentar o medo de ouvir a palavra "não", comece a diminuir a lista de objetivos e sonhos. Só não reclame que não tem o que realmente quer na vida. Essa é a primeira coisa que precisa fazer se quiser dar um passo para trás. Apostamos que não gostou de ouvir que precisa diminuir a lista de objetivos e sonhos. Honestamente, esperamos que o tenha irritado; se não irritou, DEVERIA diminuir os objetivos e sonhos.

A segunda coisa que deve fazer é olhar para alguém que tem o que deseja. Não importa onde esteja, olhe para alguém de quem sente inveja. Pode ser um chefe da empresa, uma vizinha que está indo bem nos negócios ou uma amiga que é mãe em tempo integral e ganha milhares por mês vendendo produtos no Etsy. Observe atentamente seu estilo de vida. É isso que você quer, certo? Talvez não seja.

Tenha uma Estratégia de Comprometimento, Não de Fuga

Quando Ray estava no mundo corporativo, observava o chefe, o chefe dessa pessoa e o chefe dessa outra pessoa. Claro, todos ganhavam mais dinheiro e tinham mais reconhecimento. Mas todos estavam extremamente infelizes. Assim que percebeu, Ray soube que era hora de abandonar esse caminho. Essa jornada, essa carreira, não era algo que desejava de fato. Talvez você queira ser um corretor da bolsa de valores. Quer dinheiro, casas e férias. Mas também sabe que esse corretor da bolsa o qual inveja está estressado demais. Raramente consegue jantar com os filhos e perde todos os aniversários, as comemorações e os recitais. A mãe que vende produtos no Etsy não dorme o suficiente porque fica acordada a noite toda para atender a pedidos e gerenciar subcontratados. Essas podem não ser as pessoas certas a se invejar.

Você pode estar perseguindo a vida errada para você. Quer viajar? Ter uma família? Ambas as coisas? Quer passar mais tempo em casa? Quer ter um escritório grande? O que quer vale o preço que pagará e o comprometimento que isso demanda? Talvez seguir esse caminho realmente o leve a ter menos liberdade, menos prazer e menos realização. Se for esse o caso, deve abandoná-lo.

Você pode ter escolhido este livro pensando que esse era o caminho certo. Agora que leu e refletiu sobre o conteúdo, percebeu que não é seu caminho. Se aconteceu, tudo bem. Encontre a felicidade no lugar em que se encontra. Às vezes, a decisão mais difícil é desistir de algo pelos motivos certos.

Por outro lado, pode ser que já tenha investido na empresa que pensava ser um sonho. Pode ter tudo o que pensou querer e tem muito medo de abrir mão, mesmo que a conjuntura o faça infeliz. Pode já ser o corretor da bolsa ou a mãe que vende produtos no Etsy. Pode até ter outra oportunidade em vista, que esteja mais de acordo com os objetivos e as paixões no momento. Todavia, as algemas douradas ficam apertadas toda vez que pensa nisso.

Você não quer ir embora, porque está preocupado com o medo da perda. Às vezes, pode ser a decisão mais difícil de se tomar, mas, se não tomá-la, se arrependerá pelo resto da vida. Ray esteve nesse lugar e conseguiu deixá-lo.

"Muitas pessoas me repreenderam por ter abandonado o emprego de TI na seguradora. Diziam-me: 'Cara, você está jogando fora sete anos de construção de uma carreira no lixo.' Mesmo quando disse que não gostava muito, simplesmente não entenderam. Falaram coisas do tipo: 'Bem, pois é, ninguém gosta do próprio trabalho. Do que está falando?' Quando paramos para ouvir o que as massas dizem, é como se todos estivessem destinados a ser infelizes. Não era isso que eu queria. Deixei um emprego confortável porque não queria correr o risco de estar perdendo algo muito maior. Esse não era um risco que estava disposto a correr, nunca."

> **Ponto de Ação**
>
> Faça a si mesmo as seguintes perguntas bastante realistas: O que realmente deseja em sua vida. Está honestamente disposto a se empenhar para conseguir? Você tem esse nível de comprometimento? Isso é importante o suficiente? Seja honesto.

Aceite o fato de que não será capaz de alcançar as metas se não tiver comprometimento. Se não é capaz de assumir esse compromisso, então essa não é a vida para você. Volte para a Regra nº 1. Releia. Siga os passos. E talvez faça uma grande descoberta e encontre a carreira que, de fato, tem mais a ver contigo. É normal reconhecer que seu sonho não é a coisa certa ou que simplesmente pode não ser o momento certo. Se realmente quer isso, precisa agir de acordo. Não pode simplesmente dizer que quer. Faça seu trabalho ou mude seu sonho. É hora de sair do campo defensivo.

REGRA Nº 10

CAUSE IMPACTO

Ganhar dinheiro não se trata apenas de ter metas financeiras; é sobre realização pessoal. A maioria das pessoas não se sente realizada a menos que esteja causando algum tipo de impacto. Atualmente participamos de diversos conselhos de caridade. Arrecadamos mais de US$285 mil para a organização March of Dimes. Retribuímos à nossa comunidade sempre que podemos. Neste capítulo, queremos perguntar a você: quais causas o tocam? O que faria se o dinheiro não fosse o único objetivo? O que faria para inspirar outras pessoas a fazerem o mesmo?

Este capítulo foca no que CONSEGUE fazer, não no que PRECISA fazer. Retribuir e ajudar os outros trará à sua vida um nível de contentamento e clareza. Algo inatingível quando passava todo o tempo correndo atrás de migalhas. Queremos nos assegurar de que alcançará o equilíbrio. Sim, pode trabalhar. Sim, pode ter sucesso. Mas também queremos ter certeza de que não se esqueça do que é importante e por que iniciou essa jornada conosco. Lembre-se de que dinheiro não traz felicidade. Estar presente na vida de outra pessoa e ser a referência dela, usar seu sucesso para causar impacto — esse é o asfalto que pavimenta o caminho para a verdadeira felicidade.

Este livro vai além de atingir as metas que estabeleceu para si mesmo. Não trata apenas de tornar sua vida e de sua família melhor, mas de espalhar essa força, esse impulso, e despertar esse mesmo espírito nos vizinhos, na cidade, em todo o país. Ao fazer a diferença na própria vida, será capaz de fazer o mesmo na vida das pessoas ao seu redor. Queremos que inspire quem cruzar seu caminho, a fim de motivar a ir atrás do que perseguiu. Queremos que você seja a **referência** de outro alguém, ou para muitos, diariamente. Somos referências para muitas pessoas, mas nunca teríamos chegado tão longe se não fosse pelas pessoas ao nosso redor.

SEJA A REFERÊNCIA

Queremos que mude de dentro para fora. Queremos que faça a diferença ao seu redor e que possa retribuir ao mundo que habita, não importando o tamanho dele. Este livro trata de como transformar cada relacionamento em sua vida, incluindo o que tem consigo mesmo. Juntos, observaremos profundamente seu passado e analisaremos como sua infância formou a mentalidade que carrega hoje. Descobriremos como chegou ao lugar em que se encontra atualmente, por que quer iniciar essa jornada conosco e o que pode fazer após atingir esses objetivos iniciais. No entanto, o mais importante é que não queremos apenas que os objetivos sejam a razão da mudança; queremos que você seja a razão da mudança de vida de outra pessoa. Realizar essas mudanças e inspirar os demais a fazerem o mesmo é o maior presente que pode dar ao mundo.

Ambos viemos de situações que não eram ideais. Ray sofreu abuso infantil e traumas desde muito cedo. Ele foi severamente reprimido e negaram os direitos básicos que a maioria das crianças toma como certos: segurança, alimentação e amor. Foi uma maneira horrível de crescer. E essa memória ainda o habita. Para ele, o motivo é simples: "Quero ser a referência daqueles que sofreram abuso quando criança. Cresci sem poder ter uma opinião, sem poder falar, então quero ser a referência para as pessoas que não têm voz. Quero ser a referência das que lutaram contra a depressão, de quem não viu outra saída para a dor a não ser tentar tirar a própria vida. Quero ser a referência para as que perderam tudo. Eu perdi tudo duas vezes. Não conseguia pagar nenhuma conta, tinha uma casa em execução hipotecária, estava enterrado no que parecia ser uma completa devastação. Sei que é capaz de achar a luz no fim do túnel, e sei o que é preciso fazer para chegar a essa saída. Quero ser capaz de mostrar a todos como fazê-lo. Este livro é apenas uma das maneiras pelas quais quero compartilhar minha mensagem.

"Também quero ser referência para pessoas que foram colocadas em dúvida. Por toda minha vida, duvidaram de mim. Perdi a conta de quantas vezes me disseram: 'Você não consegue fazer isso. Não consegue fazer aquilo.' Aconteceu quando eu era criança, adolescente, funcionário, e até mesmo quando administrava minha imobiliária. Duvidaram de mim a cada passo que dei em minha carreira, mas segui em frente. Continuei me colocando à mostra. Quero que assimile sua história, suas circunstâncias e SEJA A REFERÊNCIA para quem precisa que ilumine o caminho."

A motivação de Jess vem do fato de ter se tornado mãe e ter desenvolvido uma paixão recém-descoberta por crianças. "Após ter meus filhos, senti um novo amor que não sabia ser possível. Em minha opinião, cada criança é uma bela dádiva de Deus (ou do Universo, ou de qualquer coisa em que acredite). São muito inocentes e felizes. Para mim, a finalidade do sucesso é ajudar as crianças a crescerem fortes, saudáveis e amadas. Isso se traduz em diferentes áreas de nossas vidas, seja em nosso engajamento com a March of Dimes ou quando levamos crianças acolhidas em um orfanato para a Disney World pela primeira vez. Somos capazes de fazer isso por causa do público e do negócio que construímos, e realmente me dá um senso de propósito e significado. Essa é a minha motivação."

Encontrar significado e propósito na própria vida tem um poder indescritível. E também é uma bênção. Se superou desafios, é seu dever mostrar às pessoas que se encontram nas mesmas circunstâncias que se mostrou para o mundo, que as superou. VOCÊ também é capaz de fazer isso. Na verdade, achamos que é seu dever. Caso contrário, eles vencem: o agressor vence, o pessimista vence, os valentões vencem. Quaisquer que sejam as circunstâncias ruins que a vida te proporcionou, aprenda as lições deste livro, transforme as circunstâncias e seja a inspiração de outra pessoa. Isso não apenas dará sentido à sua vida, como também à vida daqueles que mais precisam. E eles, por sua vez, podem se tornar a referência para que outros tenham sucesso. Este livro mostra como. Todavia, antes que seja capaz de mudar o mundo ao seu redor, deve se preparar para a mudança na sua vida.

Se tivéssemos que pensar em alguém que nos inspirou muito a estarmos presentes, a retribuir, a melhorar a vida de outras pessoas, um nome vem à mente de imediato: Viktor Frankl, um sobrevivente do Holocausto que escreveu sobre sua experiência em um campo de concentração no best-seller Em Busca de Sentido. No livro, ele relata as tragédias do campo de concentração. Descreve homens adultos tão desnutridos que quando os que tinham quarenta anos de idade sofriam quedas, quebravam a bacia devido à falta de alimentação. Escreveu sobre a frequência com que as pessoas eram mortas e espancadas pelos motivos mais aleatórios. Não podemos imaginar nada pior do que ser vítima disso. Ele é uma referência para nós dois. Como alguém consegue passar por esse tipo de tortura e desumanização e, ainda assim, sair de uma experiência dessas otimista, enxergando esperança? Isso nos dá uma perspectiva profunda, porque nossas dificuldades ficam minúsculas em comparação às dele. É um exemplo de que podemos sobreviver a qualquer coisa.

A segunda pessoa que vem à mente é Brené Brown, principalmente quando fala sobre vulnerabilidade. Em um de seus especiais da Netflix, Brené contou uma história comovente de uma entrevista que realizou com pais que perderam um filho. Eles sentiam falta das pequenas coisas, como a porta de tela batendo e eles gritando: "Não bata a porta de tela!" Sempre repetiam, na tentativa de acabar com o hábito aparentemente irritante do filho. Porém, quando ele morreu, sentiram tanta falta disso que batiam a porta com frequência, apenas para sentir esse vínculo novamente. Ray ficou assistindo ao programa em prantos, quando olhou para Jess e a viu chorando também. Essa história nos fez apreciar nossos filhos de uma maneira totalmente nova. Como gostaríamos de ser com eles hoje se não estivessem aqui amanhã? Brené mudou a maneira como nos mostramos para nossos filhos. E seremos eternamente gratos por isso.

A terceira referência para Ray é o amigo e mentor Mark Hoverson: "Ele faleceu em 2018 após uma luta corajosa de quatro anos contra o câncer de pâncreas. Tinha apenas 39 anos. E deixou para trás a amada esposa, Shannon, e quatro filhos. Ele é minha referência para muitas coisas. Mark era uma lenda em sua área de atuação, e deixou uma marca em todos que conheceu. Para citar uma das pequenas coisas de que sentimos falta, fumar charutos com ele. Não gosto de fumar charutos — na verdade, odeio —, mas faria qualquer coisa para fumar mais um com Mark. Quando o observei passar pela quimio e ficar com feridas nas costas em virtude de estar tomada de tumores, ele me deu mais um exemplo. Devia estar pesando 30 quilos quando o visitei em Dakota do Norte pela última vez. Àquela altura da jovem vida, não tinha mais motivos para continuar se mostrando às pessoas e fazendo vídeos, mas foi exatamente o que fez. Ninguém o teria julgado se tivesse dito: 'Está na hora de desligar a câmera.' Mas continuou fazendo lives no Facebook quando estava a alguns dias da morte, porque tinha um desejo insaciável de ajudar. Se eu seria capaz de fazer isso? Não sei. Tenho feito um vídeo todos os dias nos últimos dez anos, mas não sei se conseguiria fazer o que ele fez, e como se mostrou — é um desafio para mim, e me faz perguntar: 'Tenho coragem de fazer isso?' Espero que sim, para que possa me esforçar em ser a referência de outra pessoa."

Reveja tudo o que aprendeu neste livro. Não se trata apenas de trabalhar duro para alcançar o sucesso; é sobre o que fará, uma vez que consiga alcançá-lo. De que forma quer ser a referência para o outro?

Quando começamos a ganhar algum dinheiro, fomos convidados para um evento de caridade. O simples fato de estar presente para o jantar nos fez sentir bem sobre a causa do evento. Conforme a noite avançava, no entanto, vimos pessoas gastando centenas de milhares de dólares em itens do leilão. Isso nos surpreendeu. Vimos o que a quantia poderia proporcionar e queríamos poder apoiar a causa em uma escala assim tão grande. Tornou-se parte da liberdade pela qual estávamos trabalhando. Agora fazemos parte do conselho dessa instituição de caridade. Também começamos a trabalhar recentemente com a instituição de caridade de Tony Robbins, a Feeding America. Por meio de nosso esforço e o de nossa comunidade, fomos responsáveis por doar 52 mil refeições aos mais necessitados.

Como vimos durante a pandemia que atingiu o mundo quando este livro estava para ser impresso, os profissionais da saúde estão na linha de frente de algumas das piores experiências. Recebem as ambulâncias, realizam cirurgias e seguram as mãos das pessoas enquanto se recuperam. Ninguém sabe disso mais do que os pais de crianças doentes. Em nosso último evento da March of Dimes, arrecadamos quase US$100 mil para uma nova iniciativa da filial da organização na Flórida. Com esse dinheiro, a instituição foi capaz de treinar enfermeiras nas unidades de terapia intensiva neonatal (UTIN) e nas unidades de terapia intensiva pediátrica (UTIP) em todo o estado para ajudar os pais que estão passando por alguns dos piores dias, semanas ou meses da vida. Muitas vezes, a equipe do hospital e os médicos não sabem como conversar com os pais, e ter alguém que traduza o jargão médico e apenas esteja presente emocionalmente significa tudo. O programa apresentou que o que os profissionais da saúde dizem e o que os pais ouvem são duas coisas diferentes, especialmente em tempos de crise. Queríamos ajudar pais aflitos a ter uma experiência muito melhor no hospital. Embora ajude as famílias, também vai ao encontro da nossa cultura de ensinar as pessoas a serem melhores em tudo o que fazem. Nosso programa deu treinamento às enfermeiras sobre como falar com pais que lutam contra a ansiedade, o desamparo e a tristeza. A iniciativa funcionou tão bem que se fala em estendê-la a todo o país. Saber que fizemos isso nos dá uma sensação incrível. É parte da liberdade que tanto valorizamos.

TEMPO ⏱ DINHEIRO § LIBERDADE ✳

⏱ § ✳

Encontrar nossa felicidade por meio de doações não significou a mesma coisa para nós dois. Para Ray, causar impacto significa ser realmente capaz de atingir um grande número de pessoas. Significa divulgar os vídeos e tutoriais ao redor do mundo e saber que estão fazendo a diferença para diversas delas. Ele tem certeza de que, ao divulgar sua mensagem, está contribuindo. Acredita profundamente que alcançará e causará impacto em milhares de pessoas.

Jess considera bastante difícil se identificar com esse tipo de impacto de grande escala. Ela sabe que nosso sucesso não é sobre ter dinheiro; tornou-se algo muito maior. É sobre se sentir realizado em tudo o que faz. Ray está sempre pensando em impactar um número cada vez maior. "Como posso causar um impacto maior? Como posso mudar o mundo?" Para Jess, tudo está relacionado ao feedback em escalas menores, aquilo que consegue ver com os próprios olhos. Recentemente, conseguimos enviar um ônibus cheio de crianças de um orfanato para a Disney World. Eles pararam em nossa casa no caminho para lá e, ao fazer isso, proporcionaram-nos um dos melhores e mais memoráveis dias de nossas vidas. Pensar na felicidade que foi capaz de proporcionar àquele pequeno grupo de crianças tocou Jess de maneira profunda. É isso que a faz continuar. Ela consegue se identificar com isso em uma escala mais pessoal.

Jess sabe como quer ser a referência de alguém: "Para mim, é muito difícil fazer um vídeo e pensar: 'Isso ajudará milhares, centenas de milhares ou milhões de pessoas.' Mas também sei que, se não fizer esse vídeo, não criarei mais contatos, o que significa que não conseguirei causar um impacto naquela criança do orfanato.

Se eu não cumprir minha cota mensal, serão dez crianças que não poderão ir à Disney World.

"Quando criamos um vídeo ou realizamos um treinamento, é muito difícil, para mim, enxergar centenas de milhares de pessoas sendo impactadas. Mesmo sabendo que aconteceu por meio de nossa empresa de treinamento, simplesmente não consigo enxergar. Mas ouço histórias o tempo todo, então é isso que me motiva e me realiza, e não o oposto. Tem mais a ver com o retorno dessa tarefa a mim, na forma de testemunhos ou quando fazemos bom uso desse dinheiro e vemos o que é capaz de proporcionar a essas crianças. Isso é extremamente importante para mim, mas acredito que para algumas pessoas seja diferente."

Nem todos encontram satisfação da mesma maneira. Não é necessário que seja sempre algo em grande escala. Você pode alcançar a satisfação ao ajudar alguém a descobrir o que quer fazer da vida ou ao trabalhar para obter experiência suficiente e retribuir à comunidade mais tarde, ou mesmo ao emprestar a alguém os recursos para iniciar um negócio. Pode ser um herói para alguém. Pode parecer pouco, mas, para eles, você é a razão pela qual conseguirão dar o próximo passo.

Ray se sente realizado e se transforma na referência de outra pessoa de um modo completamente diferente. "Eu planejo cada coisinha que faço e considero importante porque penso em quem deixará de ser impactado se eu não fizer. Costumo pensar nas pessoas em categorias: veteranos com deficiência, mães solteiras, crianças que sofreram abusos. Se deixarmos de compartilhar nossas histórias e de construir uma plataforma cada vez maior, as pessoas que têm lutado contra o transtorno de estresse pós-traumático, ou passam dificuldades como mães solteiras, ou por terem sofrido abuso não terão em quem se inspirar. Se não usarmos nossa plataforma como um meio para erguê-los, nunca serão capazes de enxergar o que têm: o poder de fazer por conta própria. Atribuo às coisas que fazemos, e é por isso que sou tão constante." Ray sabe que sua plataforma dá força a outras pessoas. Sair dela, mesmo que por um momento, afeta todas que o têm como inspiração para perceberem o que podem fazer com as próprias vidas.

Ter dinheiro não o torna uma pessoa má. Trabalhar duro e sustentar a família não o torna ganancioso. Deixe de lado todas as falácias dos artistas milionários e bilionários de Hollywood. Não é errado querer ganhar dinheiro. Não há nada de errado em querer ganhar dinheiro. Isso não faz de você o inimigo; torna-o capaz de ser um aliado de milhares de pessoas. Ajudar os outros não é sobre você; é sobre quem ajuda e inspira. Após compartilharmos a foto das crianças a caminho da Disney World, recebemos muitos comentários. Duas pessoas nos escreveram (quase exatamente a mesma mensagem) dizendo que nunca desejaram ganhar muito dinheiro ATÉ virem aquela foto das crianças do orfanato no ônibus indo para a Disney.

Quando compartilhamos histórias como essa, ou sobre o trabalho com a March of Dimes, não estamos querendo nos gabar. Estamos tentando dizer ao mundo que isso também é possível no seu universo pessoal. Estamos dizendo que, apesar dos abusos, desafios e obstáculos, podem superar tudo e ter sucesso. Somos a prova viva de que pode superar infâncias violentas, pobreza, falta de ensino e pessoas pessimistas. Queremos que todos vejam nosso exemplo e se esforcem para fazer ainda melhor do que nós.

Pergunte-se: "O que faz com que eu sinta que tenho importância? Como quero contribuir? Como posso fazer a diferença?" Não há valor monetário que possa atribuir a esse sentimento. Isso é o que o faz se levantar todas as manhãs. O que faz com que continue trabalhando até tarde da noite. O que pode fazer em sua comunidade local ou pelo grupo de pessoas que já passou pelo que passou? Quem quer ajudar? Quem pode inspirar?

Qual é sua vocação? Como quer ser lembrado? Quer criar um fundo para arrecadação de dinheiro? Construir uma cozinha industrial para distribuir sopa aos mais necessitados? Quer aconselhar sobreviventes de violência? Chega um momento em que começa a ganhar dinheiro e não se trata mais daquela necessidade de ganhar US$500 extra por mês, de ganhar US$10 mil por ano ou de alcançar o primeiro milhão. Chega um momento em que apenas quer se sentir realizado. Neste livro, você se concentrou em sua visão. Agora deve fazer seu trabalho, ser consistente, trabalhar e se estabelecer. Tudo isso enquanto mantém a visão em mente. Saberá qual é a segunda fase quando atingi-la. Cumpriu os objetivos, está ganhando dinheiro, está fazendo tudo certo, o negócio está crescendo e, agora, precisa sentir essa realização para ser feliz, pura e simplesmente. Sem ela, se sentirá vazio.

Se você esteve fazendo o trabalho e seguindo os passos descritos neste livro, deve estar profundamente familiarizado com as dez regras. Começou a enxergar os resultados. E é incrível. Nós já passamos por isso, então podemos dizer que nunca será o suficiente. É mais do que o saldo bancário, quantas pessoas há na equipe ou o cargo na empresa. Vai além dos números na planilha. É sobre fazer parte de algo maior neste mundo. Maior do que você, do que nós ou, até mesmo, das pessoas que está ajudando. Torne-se uma entre as milhares que fazem parte dessa onda, ajudando pessoas que ajudarão pessoas, que ajudarão ainda mais pessoas.

Alguém perguntou a Ray anos atrás: "O que você considera sucesso?" Eis a resposta: "Para mim, sucesso é crescimento e contribuição. Preciso sentir que estou crescendo, obtendo um corpo melhor e mais saudável e aprendendo ou fazendo a empresa crescer. Preciso sentir que estamos crescendo, porque simplesmente não consigo ficar parado. Preciso sentir que estou fazendo a diferença, contribuindo para a sociedade, para a humanidade, para quem precisa de ajuda. Isso é o que considero ser relevante. Faço isso de maneira egoísta, porque é muito bom. Sei que minhas atitudes terão um efeito sobre outras pessoas e que, em algum momento, ajudarão milhões de outras pessoas. Apenas sei que alguém que está aprendendo por meio da leitura deste livro usará esse conhecimento — apenas a título de exemplo — para criar uma base que cause impacto sobre milhares de vítimas de violência doméstica." Saber disso é o que faz com que Ray se levante da cama todas as manhãs.

Mas lembre-se de que a dinâmica disso não é tudo ou nada. Não precisa ser algo que ajude muitas pessoas ou nenhuma. Você pode começar em uma escala menor. Um amigo nosso teve uma grande ideia: "Cara, vou fundar uma instituição de caridade porque há pessoas em minha igreja cujos filhos vão para a escola com fome, e quero abrir essa fundação para dar refeições para essas famílias." Ele tinha objetivos grandiosos e ficamos ouvindo-o falar por um tempo antes de Ray interrompê-lo: "Bem, primeiro precisa começar dando refeições para uma família, certo?" Não ocorreu a possibilidade de começar em pequena escala — com apenas uma família. As pessoas da igreja veriam o que estava fazendo e, em seguida, poderiam ajudá-lo. Dezenas ou mesmo centenas de famílias poderiam ser beneficiadas por meio dessa primeira refeição doada.

Se tem uma ótima ideia, não perca tempo na mesa de planejamento. Não perca tempo planejando planejar. Não fique preso no que acha que ela deveria ser. Apenas comece. Comece pequeno — mas comece, nas circunstâncias em que se encontra agora. O tempo para pensar demais, aperfeiçoar e procrastinar acabou.

⏱ § ✳

Quando começamos a ganhar certa quantia, fomos a um evento da Feeding America. Tony Robbins palestrou no evento. E, se doasse certa importância, tinha a chance de ficar em uma sala junto com ele e um pequeno grupo de outros doadores por cerca de meia hora. Jess decidiu doar e fazer parte do grupo; uma oportunidade como essa não aparece com frequência. Quando chegou lá, se apresentou. "Eu e meu marido estamos indo muito bem. Temos uma receita boa. Somos muito abençoados, mas parece que não importa quanto dinheiro ganhemos ou em que patamar estejamos financeiramente, estou sempre com medo de perder isso; sempre com medo de que acabe."

A resposta de Tony foi o oposto do que Jess esperava: "Bem, você precisa doar mais." Jess respondeu: "Não, você não entende. Meu problema é que doar mais significa que vou perder tudo. Estou pirando com isso. E a quantia que estou ganhando parece não fazer diferença." Ele respondeu: "Exatamente. Precisa doar mais. Quanto mais doa, mais se sente em paz com o fato de que o dinheiro que está ganhando sempre voltará para você."

Então contou a Jess uma história de quando tinha por volta de vinte anos. Ele viu uma mulher e o filho entrarem em um fast food, mas não tinham dinheiro para comprar comida. Tony deu a eles os últimos US$10 que tinha no bolso. Sabia que deveria dar o dinheiro e ajudar essa família. No dia seguinte, recebeu um cheque pelo correio com uma carta de um cara que lhe devia dinheiro há anos, dizendo: "Lamento não ter pago você.

Aqui estão seus mil dólares de volta." Tony percebeu naquele dia que quanto mais fazia coisas assim, mais a lei da reciprocidade se tornava realidade.

Jess ouviu pacientemente e respondeu: "Isso é fenomenal, mas fazemos doações para instituições de caridade." E Tony respondeu: "Bem, não basta apenas doar, mas também ligar as emoções ao que está, de fato, fazendo. Você precisa começar a doar mais seu tempo, não apenas seu dinheiro." Então nós implementamos. E começamos a doar mais tempo e dinheiro. Ao trabalhar nessas ações repetidas vezes, Jess não sente mais aquele medo. E nossa empresa tem dado melhores resultados a cada ano. A atitude de Jess em relação a doar e a se conectar com o ato de doar mudou a maneira como pensava sobre nosso negócio. Aprender a doar mais dinheiro fez dela uma professora melhor, uma chefe melhor, uma cliente melhor e uma vendedora melhor.

Lembre-se, nós já estivemos na situação em que você pode estar agora. Completamente falidos, com a casa em execução hipotecária, com 1 milhão em dívidas, sendo perseguidos por cobradores, sentindo-nos deprimidos. Nunca sonhamos que nossa vida passaria por uma transformação desse calibre. **Não deixe que a situação em que se encontra agora o impeça de mover-se em direção à posição em que nós nos encontramos hoje.** Não importa a situação em que se encontra ou qual seja sua meta de vida, você é capaz de doar alguma coisa; tempo, experiência e apoio a outras pessoas. Assim como os US$10 de Tony, tudo voltará em forma de dinheiro. Não deixe a situação atual prendê-lo ao que acredita que é capaz de fazer; caso contrário, permanecerá nessa situação para sempre. Nunca progredirá.

Seja a referência de outro, por menor que a escala dessa relação possa parecer.

Atualmente, temos mais de 10 mil pessoas em nosso grupo do Rank Makers no Facebook. Há cerca de dois anos, começamos as Quartas-feiras da Riqueza; todas as quartas pedimos a cada um dos membros para fazer algo pequeno, anônimo e dê uma quantia a outra pessoa. As ações são modestas: pagar a conta de quem está atrás de você no drive-thru, deixar uma nota de US$5 em uma caixinha de gorjetas, enviar pizzas ao corpo de bombeiros da cidade. Por que precisa ser um estranho? E por que de forma anônima? Por que não para meu vizinho, amigo ou parente? É claro que ainda pode fazer essas coisas por amigos, familiares e vizinhos. No entanto, ajudar quem conhece é algo que pode ser mal interpretado. Podem pensar: "Ah, você sente pena de mim? Ah, acha que é melhor do que eu?" Se estiver fazendo algo por um estranho, é menos provável que isso aconteça.

Por que tem que envolver uma troca financeira? Por que não simplesmente fazer biscoitos ou ajudar alguém a atravessar a rua? Faça também! No entanto, quando envolve dinheiro, também está trabalhando na própria mentalidade relacionada a ele. Isso permite enxergar que doar dinheiro significa que voltará de uma forma ou outra. Sentirá conforto na generosidade, mesmo que sinta que não tem muitas condições de ajudar no momento. E chegará à conclusão real de que quanto mais dinheiro tem, mais boas ações pode fazer!

Quando pratica a Quarta-feira da Riqueza, contribui para internalizar o fato de que, quando se tem mais dinheiro, é possível fazer mais. O dinheiro dá acesso a mais recursos. Permite que financie seus projetos favoritos, eventos de arrecadação de fundos ou ajudar instituições de caridade. Ou, ainda, que apoie sua igreja ou sua comunidade local. Doá-lo, não importa o valor, destruirá a mentalidade relacionada ao dinheiro que foi martelada em sua mente por meio de atores de Hollywood, de políticos e da mídia. Lembre-se de que ter dinheiro não faz de você uma pessoa má. Quanto mais dinheiro se tem, mais fácil é ser quem se quer.

Queremos que comece a praticar a Quarta-feira da Riqueza ainda esta semana. Pague o pedágio para a pessoa logo atrás. Use um cartão-presente para pagar um café ao próximo da fila. Saiba que, na quarta-feira em que der início a isso, milhares estarão fazendo exatamente a mesma coisa em todo o mundo. Você fará parte de algo maior do que si mesmo. As pessoas estão perdendo a fé na humanidade. Estão perdendo a esperança. Um ato de bondade pode devolver o ânimo. E podem transmitir essa felicidade a seus filhos. Poderia tirá-los de uma depressão. Poderia fazê-los pegar o telefone e pedir ajuda se precisarem. Nunca se sabe o impacto que pode causar.

Tivemos um membro do Rank Makers que colocou uma pequena quantia em uma caixinha de gorjetas na Austrália. E isso virou notícia local. O singelo ato de bondade dessa mulher espalhou-se para milhões em sua cidade, levando os outros a fazerem o mesmo. A história chegou a ser notícia internacional, tocando milhões de pessoas. Não subestime suas capacidades. Você pode fazer a diferença.

A situação em que se encontra agora não tem nada a ver com a posição que pode alcançar. E nem com o que é capaz de fazer. Se você tivesse dito a Ray há dez anos, quando estava falido, com a casa em execução hipotecária e um milhão em dívidas, que dividiria o palco com Tony Robbins, Gary Vaynerchuk, Bob Proctor e Magic Johnson, ele nunca teria acreditado. Se nos dissesse, na época em que Jess trabalhava no balcão de maquiagem, que construiríamos uma empresa da lista Inc. 5000, não teríamos acreditado. Se nos dissesse que, nos dez anos seguintes, geraríamos mais de US$25 milhões em vendas online, nunca teríamos acreditado. Entretanto, realizamos todas essas proezas. Expandimos nossa família. Estamos ajudando muitas pessoas por meio de nossas instituições de caridade e, também, em níveis menores e individuais. Estamos apenas começando. E você também.

ÍNDICE

A
abordagem 142
abundância 68
agenda diária 161
Airbnbs 127
alerta 154
alicerce 137
alunos 157
Amazon Associates 123
ambiente corporativo 188
aplicativos 124
aposentadoria 71
aprendizado 136, 142
aprovação 95
arma secreta 169
atacado 57
atividade secundária 60
aulas particulares 59
Autoaperfeiçoamento 103
autoavaliação 104
autoestima 86
aventura 39

B
baixa alavancagem 117
barreiras de entrada 113
bem-sucedido 137
biblioteca 151
bloco de notas 163
blogs 187
bons hábitos 148

C
campo defensivo 195
Canva 172
carreira 35, 194
cenários 158
centro de ensino 167
CEO 149
checklists 137
clientes 103
Coaching 56
Color Story 172
comissão 123
componentes 159
comportamento 148
compreensão 49
compromisso 77, 167
comunidade 31, 122, 121, 150, 197
condutas 170
conferências 156
confiança 55, 64
conhecimento xvii, 90
conscientização 61
consistência 102, 166
construção 111, 194
consultor financeiro 71
conta bancária 35, 65, 160
contabilidade 146
contentamento 197
contracheque 188
contratantes 166
contribuição 208

credores 183
crescimento 90, 142, 208
cronogramas 137
cultura 122
    agressiva 122
    dinâmica 122
curva de aprendizado 112

D
desenvolvimento pessoal 162, 164
despesa 148
dez regras xx
diário de monitoramento 97
dificuldades 69
dinâmica 208
dinheiro xix, 64, 109, 111, 156
diretrizes 104, 125, 137
dispositivos 146
distribuição 125
dívidas 157
doações 77
documentário 175
dólares 156, 210

E
eBay 124
economia 64
educação 84
e-mails 97
empatia 49
empreendedorismo , 21
emprego xviii
empresário 148
empréstimos 157
energia 33, 86, 99
engajamento 170, 200
engenharia reversa 51, 57
ensino 56
entrada 146
entrevista 131
equilíbrio 198
ervas daninhas 37, 44
escritório 193
especialista em produção 41
esperança 201, 212
estágios 156
estagnado 77

estilo de vida 30
estratégia 70, 168
ética xvii, 107
Etsy 56, 193
Evernote 161, 163
excelência 23
exercícios 162
expectativas 104
experiência 95, 192

F
Facebook Marketplace 56, 124
falência 99
família , 38, 94, 198
fator limitante 191
fé 212
Feeding America 203, 209
felicidade 90, 198, 212
ferramentas 107, 154
finanças 147
flexibilidade 30, 161
fluxo de renda 58
folha de pagamento 106
fundos 147
futuro xviii, 114, 137

G
gatilho 189
generosidade 211
gerenciamento 163
gerente 33
gig economy 111
GoFundMe 125
Google Calendar 161
Google Tarefas 163

H
habilidades 118
hábitos 29, 137
hashtag 172
Hollywood 212
home office 101
humanidade 212

I
IAE
    aprender 174
    ensinar 174

Índice

investir 174
ideias 58, 174
identidade 55
impacto 60, 77, 87, 197
Inc. 5000 212
Infinite Stories 172
iniciativa 203
Instagram 172
interação 108, 164
internet 114, 125
investimentos 67, 166

J
jaula 91
jogo 99, 167
jornada 55, 170

K
Kickstarter 125

L
leads 143, 168
lead trackers 161
Leetags 172
leitores 128
Letgo 124
liberdade xix, 30, 112, 148, 203
lição 72, 97, 147
liderança 55
limite 96
livre 162

M
March of Dimes 197, 200
marketing de afiliados 122
marketing de informação 128, 129
marketing de mídias sociais 123
marketing de rede 39, 56, 95
marketing de varejo 96
marketing online xix
masterminds 166
material 130
maus hábitos 148
mecanismo 170
medo do desconhecido 8
mentalidade 74, 101, 108
mercado de ações 76
mercado global 56

mercado imobiliário 131
mercadorias 57
metas financeiras 64
método operacional diário 136, 154
microgerenciamento 157
mídia social xiv, 74, 103, 114
milionário 183
mindset 55
MOD 136, 166
MOLDIV 172
monitoramento 104, 164
moral 139
motivação 200
movimentação 76
mundo corporativo xvii, 97

N
negociante 130
networking 108, 145
nicho 121
novidade 170

O
objetivos 116
ofertas 164
operação 99
oportunidades 108, 111
orçamento 70
organização 203
orientação 90, 186

P
paciência 32
padrão 61
pandemia 203
parceiros 166
patente 57
peça publicitária 167
pesquisa 114
planejamento trimestral 164
plano de negócios 155
Play to Win 54
podcasts 162
pontos fortes 41
Poshmark 124
post 170
potencial 152
prática 107

prazos 164
prestação de contas 161, 163
prioridade 154
problemas 23
processo 177
procrastinação 150, 154
profissional 71, 130
programa 123, 169
progresso 178
projetos 163
promoção 104, 118
propósito 200
proposta 71
prospecção 136, 146

Q
Quarta-feira da Riqueza 212

R
Rank Makers 150, 167
reality show 54
receita residual 117
reciprocidade 210
recompensas 107, 152
recursos 38, 154, 211
rede de segurança 15
redes sociais 159
referência 198, 201
rejeição 95, 107
Religião 63
remuneração 25, 106
resultados 26, 156
reunião 165
review 175
riqueza 90
risco definitivo 188
rota 154
rotinas diárias 166

S
sabedoria 55
saída 146
salário 96
sanidade
saúde 90
segurança xviii, 65, 188
seminários 72, 157
serviço de mentores 186

serviços financeiros 120
setor , 142
Shark Tank 177
sinergia 108
sistema operacional 40
sistemas de crenças 26
sites 58
software 156
solução perfeita 42
stories 172
sucesso 55, 128, 127
superstar 149
suporte técnico

T
tarefa comum
Target 114
táticas 26, 170
Teamwork 163
tecnologia 163
tempo integral 132
terreno 125
TI 194
trabalho , 137, 151
tráfego 112
transação 117
transformação 210
tratamento 97
treinamento 108, 122

V
validação 69, 70
velocidade
vendas diretas
vendedor 117
videoconferência 164
vídeos diários 169
visão final 54
visão inicial 54
vítimas 147
vocação 207
voluntários 61
vulnerabilidade 201

W
Walmart 114

Y
YouTube 142

Projetos corporativos e edições personalizadas
dentro da sua estratégia de negócio. Já pensou nisso?

Coordenação de Eventos
Viviane Paiva
viviane@altabooks.com.br

Assistente Comercial
Fillipe Amorim
vendas.corporativas@altabooks.com.br

A Alta Books tem criado experiências incríveis no meio corporativo. Com a crescente implementação da educação corporativa nas empresas, o livro entra como uma importante fonte de conhecimento. Com atendimento personalizado, conseguimos identificar as principais necessidades, e criar uma seleção de livros que podem ser utilizados de diversas maneiras, como por exemplo, para fortalecer relacionamento com suas equipes/ seus clientes. Você já utilizou o livro para alguma ação estratégica na sua empresa?

Entre em contato com nosso time para entender melhor as possibilidades de personalização e incentivo ao desenvolvimento pessoal e profissional.

PUBLIQUE SEU LIVRO

Publique seu livro com a Alta Books. Para mais informações envie um e-mail para: autoria@altabooks.com.br

CONHEÇA OUTROS LIVROS DA **ALTA BOOKS**

Todas as imagens são meramente ilustrativas.

 /altabooks   /alta-books   /altabooks   /altabooks